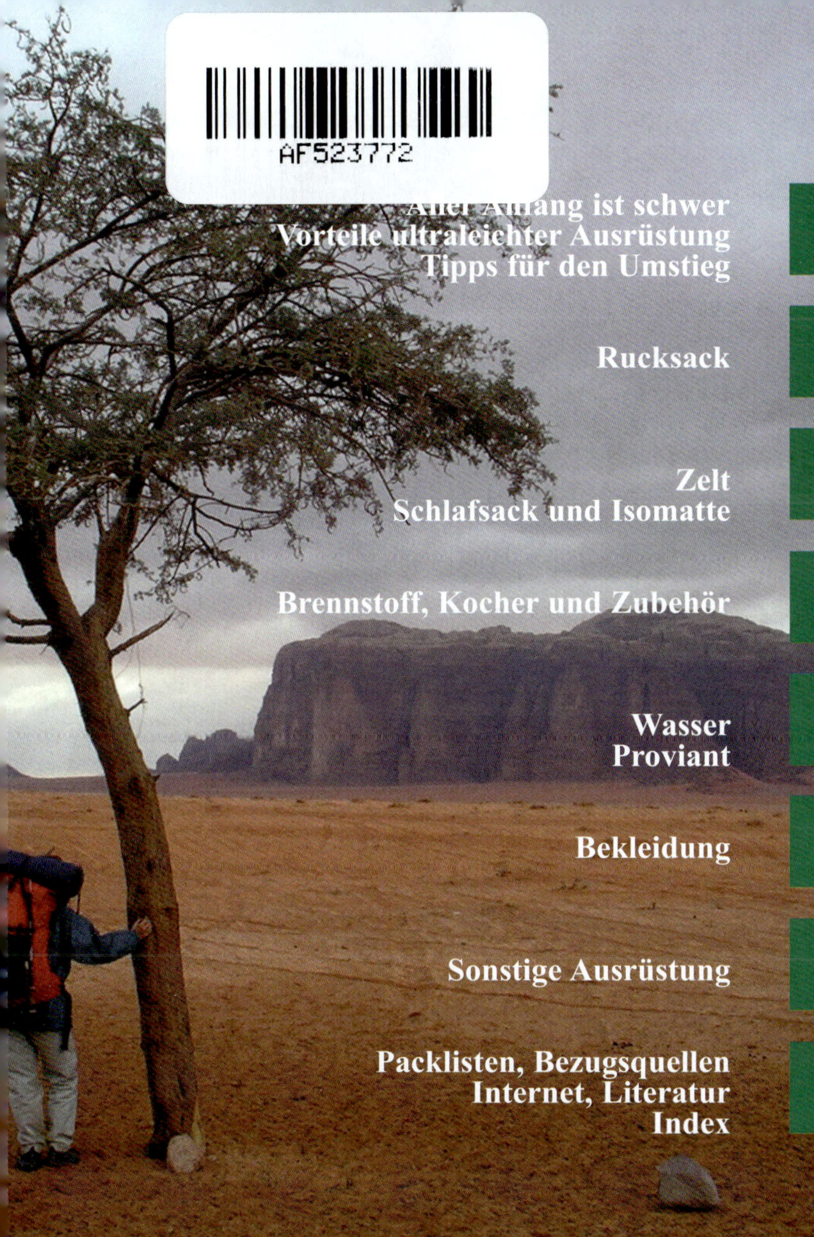

Aller Anfang ist schwer
Vorteile ultraleichter Ausrüstung
Tipps für den Umstieg
Rucksack
Zelt
Schlafsack und Isomatte
Brennstoff, Kocher und Zubehör
Wasser
Proviant
Bekleidung
Sonstige Ausrüstung
Packlisten, Bezugsquellen
Internet, Literatur
Index

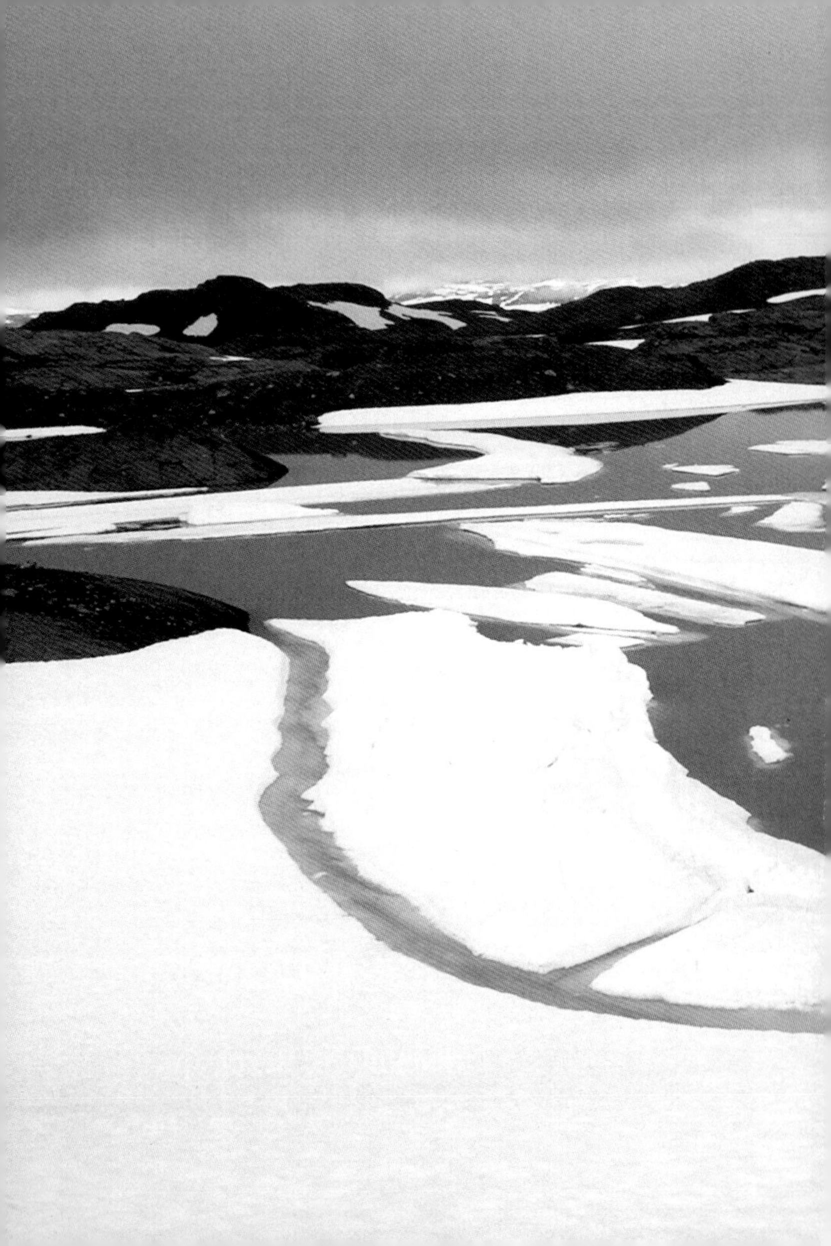

Band 184

OutdoorHandbuch

Stefan Dapprich und
Stefan Kuhn

Trekking ultraleicht

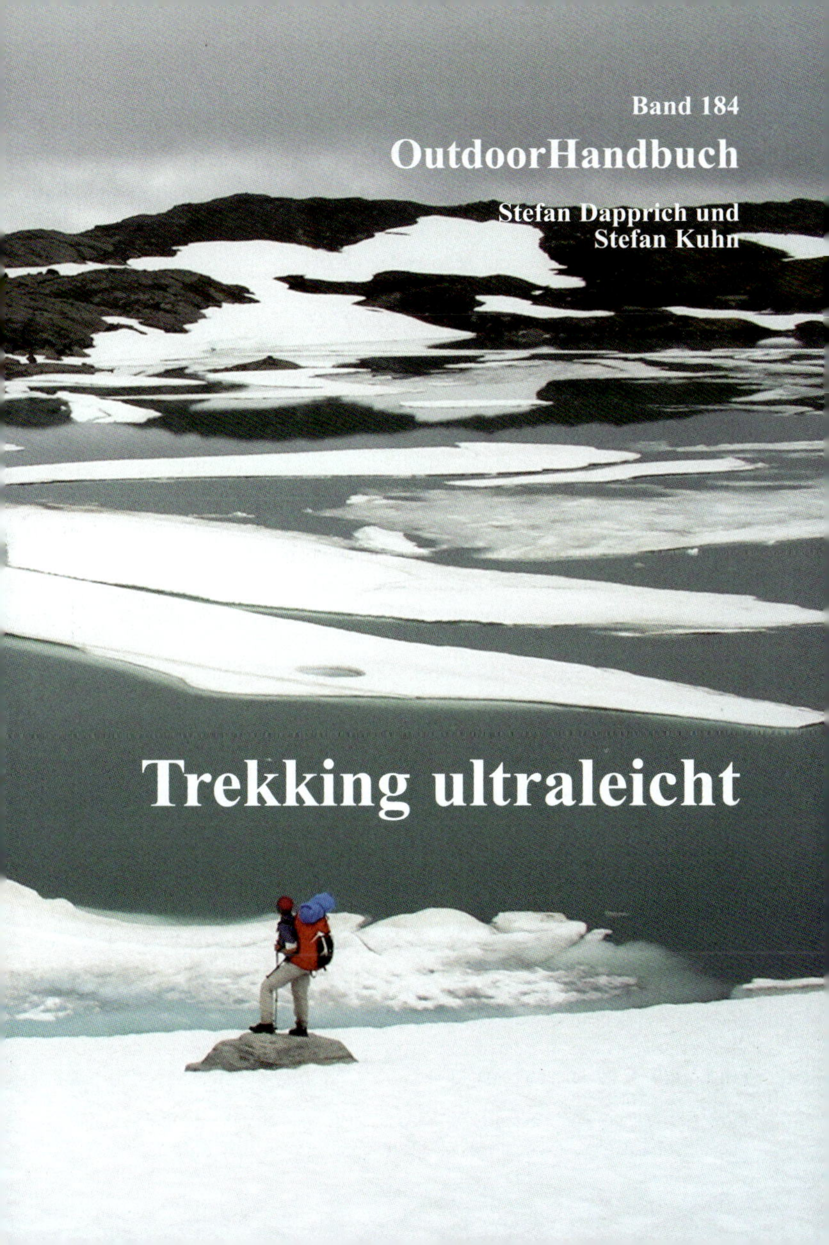

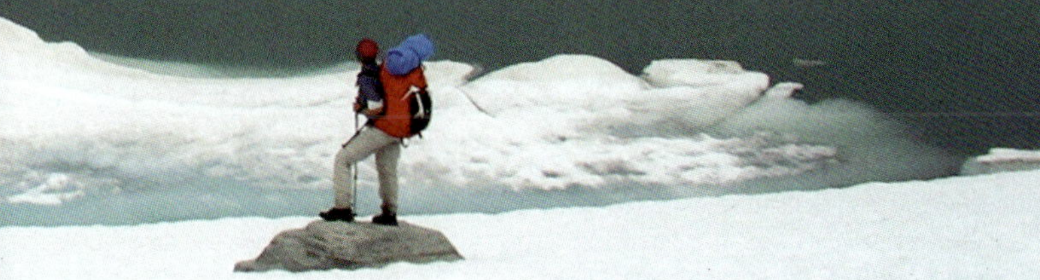

Trekking ultraleicht

Dieses OutdoorHandbuch wurde konzipiert und redaktionell erstellt vom:

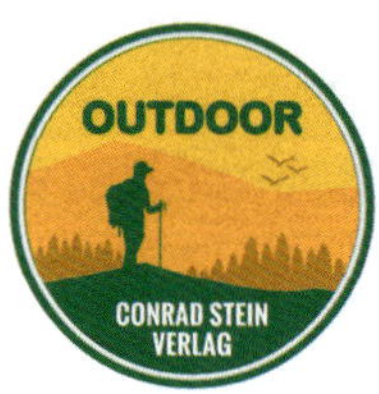

Conrad Stein Verlag GmbH
Kiefernstr. 6, 59514 Welver
☏ 023 84/96 39 12
info@conrad-stein-verlag.de
www.conrad-stein-verlag.de
www.facebook.com/outdoorverlag
www.instagram.com/outdoorverlag

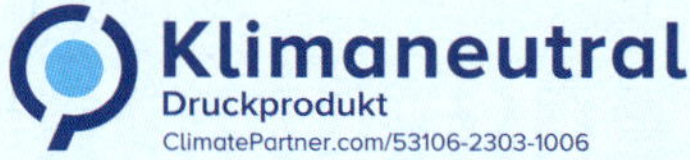

Als Outdoor-Verlag sind uns der Schutz und die Erhaltung der Natur seit jeher ein besonderes Anliegen. Auch in Sachen Klimaschutz haben wir eine Vorreiterrolle inne: Wir sind der einzige Buchverlag in Deutschland, der bereits seit 2008 seine Bücher konsequent klimaneutral in Deutschland produzieren und transportieren lässt. Dabei wird nicht nur klimaneutral, sondern auch nachhaltig, d. h. so umweltschonend wie möglich produziert, z. B. durch die Auswahl von umweltfreundlichen Materialien. Die bei der Produktion der Bücher entstandenen CO_2-Emissionen werden durch die Unterstützung von zertifizierten Klimaschutzprojekten ausgeglichen. Jedes Buch wird daher mit dem Logo „klimaneutral“ und einer Climate-Partner-Zertifikatsnummer versehen. Mithilfe dieser Nummer können Sie unter www.climatepartner.com Informationen zu der eingesparten CO_2-Menge und dem Projekt finden, das mit der Abgabe gefördert wird.

Das Engagement des Conrad Stein Verlags wurde im Rahmen des Projekts „Klimaneutraler Buchverlag“ mit dem Westenergie Klimaschutzpreis 2022 ausgezeichnet.

OutdoorHandbuch Band 184

ISBN 978-3-86686-770-3 9., aktualisierte Auflage 2023

Text und Fotos: Stefan Dapprich und Stefan Kuhn
Lekrorat: Kerstin Becker und Anna-Lena Ebner
Layout: Manuela Dastig und Ulrich Clasen

Gesamtherstellung: AZ Druck und Datentechnik GmbH, Kempten

Dieses OutdoorHandbuch hat 160 Seiten mit 47 farbigen Abbildungen, 6 farbigen Illustrationen und 4 Diagrammen.

Autoren und Verlag freuen sich über Ihr Feedback. Schreiben Sie Ihre Tipps und Verbesserungen an info@conrad-stein-verlag.de oder nutzen Sie unsere Social-Media-Kanäle. Bitte nennen Sie dabei Titel, Auflage und Seitennummer.

Dieses Buch ist im Buchhandel und in Ausrüstungsläden erhältlich und kann im Internet oder direkt beim Verlag bestellt werden.

Titelfoto: Ultraleicht unterwegs in Irland

Inhalt

Aller Anfang ist schwer

Das Gewicht der Ausrüstung entscheidet oft darüber, ob Ihre Tour ein unvergessliches Naturerlebnis wird oder eine endlose Schinderei. Frei nach dem Motto „Sicherheitshalber …" oder „Man weiß ja nie …" sind aber selbst erfahrene Trekker oft mit Lasten von 20 kg und mehr unterwegs. Derart schweres Gepäck ist meist komplett überflüssig und der Umstieg auf ultraleichte Ausrüstung einfacher als viele denken.

Moderne Outdoor-Materialien schützen besser vor Kälte und Nässe, trocknen schneller und werden immer leichter. Doch wer das ein oder andere selbst baut, spart oft noch mehr Gewicht als durch teure Hightech-Materialien. Umdenken ist angesagt: Zweckentfremdete Einwegverpackungen machen den Rucksack leichter als ein neuer Titankocher und das Multi-Use-Prinzip löst unterschiedlichste Aufgaben. So ersetzt ein Poncho die Regenjacke, dient zugleich als Regenhülle für den Rucksack und lässt sich mit Trekkingstöcken auch als Zelt nutzen.

Vereinfachung, Vielseitigkeit und Konzentration auf das Wesentliche – mit diesem Prinzip erreichen Sie minimales Gewicht bei maximalem Komfort. Deshalb bedeutet „ultraleicht" auch keinesfalls, dass Sie nun harte Überlebensmärsche machen, sich höheren Risiken aussetzen oder gar Ihren Rucksack auf eine bestimmte Gewichtsgrenze hin optimieren.

Jede Tour stellt andere Anforderungen an Mensch und Material. Jahreszeit, Wetter sowie individuelle Bedürfnisse und Fähigkeiten bestimmen, welche Ausrüstung erforderlich ist. Deshalb sollten Sie zunächst herausfinden, wo Ihre persönliche „Ultraleichtgrenze" liegt und wie Sie sich ihr nähern. Dabei unterstützt Sie dieses Buch, in dem Sie unter anderem erfahren:

- welches das leichteste Equipment auf dem Markt ist und wo Sie es vor Ort oder im Internet bekommen,
- welche Alternativen es gibt und wie Sie durch Mehrfachverwendung, Selbstbau und „Tuning" Gewicht und Geld sparen,
- auf welche Ausrüstung Sie verzichten sollten, ohne Sicherheit und Komfort aufzugeben,
- was Sie beim Einsatz ultraleichter Produkte beachten müssen und wo deren Grenzen liegen,

- ▷ warum geschickte Planung für Ultraleicht-Trekker so wichtig ist und
- ▷ wie Sie schrittweise Ihre Ausrüstung und sich selbst auf „ultraleicht" umstellen.

Von diesen Ultraleicht-Techniken profitieren auch Bergsteiger, Radfahrer oder Kanuwanderer. Ob Sie Tageswanderungen unternehmen, einen Viertausender besteigen, mit dem Fahrrad die Alpen überqueren oder ein mehrwöchiges Abenteuer in der Wildnis Lapplands planen: Gewichtsparen zahlt sich immer aus und macht Ihnen das Leben in der Natur leichter, komfortabler, intensiver und in jeder Hinsicht unbeschwerter.

Dabei wünsche ich Ihnen viel Spaß.
Stefan Dapprich

„So wenig wie möglich, so viel wie nötig!" – dieses Motto gilt beim Ultraleicht-Trekking und auch für meine Überarbeitung von Stefan Dapprichs „Ultraleicht-Bibel". Neben Ergänzungen und Updates der Packlisten stand bei dieser Neuauflage vor allem die Aktualisierung aller Produktbeispiele im Vordergrund. Und gerade hier hat sich oft Erstaunliches getan!

Titan-Töpfe oder Karbon-Trekkingstöcke sind längst Standard und 2-Personen-Zelte, die gerade einmal ein gutes Pfund auf die Waage bringen, haben sich inzwischen selbst auf Langstreckenwanderungen bestens bewährt. Alle Produkte sind nun für weitergehende Informationen mit Links zum Hersteller versehen und am Ende des Buchs finden Sie jetzt auch ein Verzeichnis aller relevanten Bezugsquellen. Mit ein wenig Mut zum Minimalismus sollte Ihnen der Einstieg ins Ultraleicht-Trekking nun noch leichter gelingen.

Dabei wünsche auch ich Ihnen viel Spaß.
Stefan Kuhn

Vorteile ultraleichter Ausrüstung

Ultraleicht-Trekking ist mehr als nur „ein paar Kilo weniger schleppen". Es macht einen gewaltigen Unterschied, mit vielleicht nur noch halb so viel Ballast durch die Natur zu wandern. Einige Vorzüge stellen Sie sofort fest, andere erst nach einiger Zeit.

Gesünder trekken. Der Mensch ist nicht zum Tragen schwerer Lasten gebaut. Zu den häufigsten Beschwerden beim Wandern und Trekking gehören Verspannungen der Schultermuskulatur, Rückenschmerzen und besonders Knieprobleme. Langfristig drohen bei Überlastung Verschleißerscheinungen und bleibende Schäden am Bewegungsapparat.

Mit leichtem Gepäck reduziert sich die Belastung des gesamten Körpers. Die oben genannten Beschwerden treten seltener auf oder verschwinden ganz.

Längere Touren unternehmen. Mit weniger Gepäck verbrauchen Sie für die gleiche Strecke weniger Energie. Sie meistern dadurch Trekkingtouren, die Ihnen vorher gar nicht möglich gewesen wären und die Sie vielleicht nie in Angriff genommen hätten. Angenommen, Ihr Rucksack wiegt 20 kg und Sie legen damit eine Tagesetappe von 10 km zurück. Die Energiemenge, die Sie dabei verbrauchen, reicht aus, um bei einem Rucksackgewicht von nur 10 kg rund 20 km, also die doppelte Strecke, zu bewältigen. Als Faustregel gilt hier: 1 kg Gewicht gespart heißt 1 km Wegstrecke gewonnen.

Schneller unterwegs. Auch wenn Sie keine neuen Streckenrekorde anstreben, werden Sie feststellen, dass man mit leichterem Gepäck unwillkürlich schneller wandert. Die Schritte fallen länger aus, man fühlt sich leichtfüßiger und sicherer auf dem Trail. Mit ultraleichter Ausrüstung bewältigen Sie Etappen, die bisher jenseits Ihrer Leistungsgrenze lagen.

Sicherer zu Fuß. Schwere Ausrüstung stellt erhöhte Anforderungen an den Gleichgewichtssinn. Mit viel Gewicht auf dem Rücken ändert sich die Lage des Körperschwerpunkts. Dadurch ist es in unwegsamem Terrain oder bei Kletterabschnitten schwieriger, die Balance zu halten. Der Rucksack zieht nach rechts oder links, man rutscht häufiger aus, knickt um oder stolpert. Passiert das in den Bergen an der falschen Stelle, hat das oft fatale Folgen.

Mit einem leichten Rucksack sind Sie wesentlich sicherer unterwegs. Sie stolpern oder stürzen seltener, und wenn es doch einmal passiert, ist die Verletzungsgefahr geringer.

Intensiver die Natur erleben. Momente, in denen man die Natur genießt, die Landschaft auf sich wirken lässt, die Wildnis und das Leben darin wahrnimmt, machen die eigentliche Faszination des Trekkings aus. Mit schwerer Last auf dem Rücken trottet man jedoch – den Blick auf den Boden gesenkt – meist monoton vor sich hin. Für den Genuss der Umgebung bleibt dann oft nur die Zeit im Camp oder während der Rastpausen, in denen man auf die Nachzügler wartet (das sind meist die mit noch schwererem Gepäck).

Ultraleicht-Ausrüstung ermöglicht Ihnen die Rückkehr zum aufrechten Gang. Ihr Blick richtet sich wieder in die Ferne anstatt auf Ihre Fußspitzen.

Näher an der Natur. Im Alltag ist man es gewohnt, sich abends in seine vier Betonwände zurückzuziehen und die Tür zur Außenwelt abzuriegeln. Diese Entfremdung von der Wildnis führt dazu, dass man sich in der ersten Nacht auf Tour oft unwohl fühlt und schlecht schläft. Der Wind, die ungewohnten Geräusche um einen herum, Regen, der aufs Zelt prasselt, das Gefühl des Ausgesetztseins: der bekannte „Trail-Schock".

Eine Woche Wildnis mit 10 kg sind selbst in Grönland kein Problem

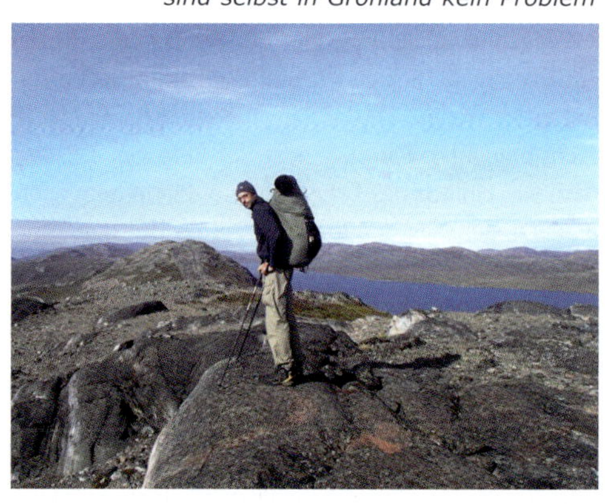

Schnell gewöhnt man sich jedoch an die dünnen Nylonwände und schläft bald besser als daheim.

Mit dem Umstieg auf leichteres Gepäck erscheint Ihnen früher oder später selbst diese Barriere als unnötig. Auf manchen Touren nehmen Sie dann vielleicht nur noch ein Tarp mit oder verbringen die Nacht unter freiem Himmel. Das kann ein unvergessliches Erlebnis sein und Ihnen ein ganz neues Gefühl von Naturverbundenheit bescheren.

Selbstvertrauen statt Ausrüstungsvertrauen. Ultraleicht beginnt im Kopf. Schwere und robuste Ausrüstung ist weder ein Garant für Komfort noch für Sicherheit. Es kommt auf den richtigen Einsatz an. In dem Maße, wie Sie Ihre

Ausrüstung um Überflüssiges reduzieren, werden Sie auch sich selbst weiterentwickeln und immer wieder überrascht sein, auf was man alles verzichten kann, ohne dass es einem an Komfort mangelt.

Denn um Gewicht zu sparen, muss man sich intensiver mit der Ausrüstung und vor allem mit seinen eigenen Fähigkeiten und Grenzen beschäftigen.

Bessere Erholung. Weniger Gewicht heißt weniger Anstrengung und weniger Müdigkeit. Mit einem leichten Rucksack fühlen Sie sich am Ende eines langen Trekkingtages besser. Dadurch genießen Sie auch die Zeit im Camp viel intensiver. Anstatt todmüde in den Schlafsack zu fallen und am nächsten Morgen die Strapazen des Vortags immer noch in den Knochen zu spüren, genießen Sie mit ultraleichter Ausrüstung den Abend am Lagerfeuer und sind am nächsten Morgen frisch und ausgeruht.

Einfacher draußen leben. Je umfangreicher die Ausrüstung, umso schwerer fällt es, die Übersicht zu behalten. Man baut das Zelt ab, wandert weiter und merkt erst im nächsten Lager, dass plötzlich ein Hering fehlt und das Messer wahrscheinlich noch bei der Feuerstelle vom Vortag liegt.

Die Devise lautet deshalb: *Simplify your hike*. Ein Rucksack, der nur das Notwendigste enthält, vereinfacht Ihr gesamtes Trekking-Leben. Und wenn jedes Ausrüstungsteil seinen festen Platz hat, muss man auch nicht lange herumkramen, um es zu finden. Deshalb mein Ratschlag: Entdecken Sie für sich, was Sie alles *nicht* brauchen. Für viele liegt der Reiz des Trekkings gerade darin herauszufinden, wie einfach das Leben in freier Natur sein kann. Spielen Sie für einige Tage mal „Diogenes in der Tonne" (bzw. im Zelt) und Sie werden merken, mit wie vielen unnötigen Dingen man sich belastet, ohne dass sie wirklich von Nutzen sind. Solche Dinge machen das Leben unnötig kompliziert, unübersichtlich und lenken vom Wesentlichen ab. Amen.

Komfortabler trekken. Auch wenn es paradox klingt: Je leichter die Ausrüstung, desto komfortabler die Tour. Zumindest wenn die Tagesetappen bei Ihren Unternehmungen länger als ein paar Kilometer sind. Schwere Ausrüstung erhöht den Komfort im Camp. Leichte Ausrüstung erhöht den Komfort auf dem Trail.

Deshalb gilt es abzuwägen, was Ihnen wichtiger ist: Trail oder Camp? Der Weg oder das Ziel? Im ersten Fall wird Ihnen dieses Buch hoffentlich nützlich sein. Im zweiten Fall sollten Sie es wieder verkaufen und vielleicht über die Anschaffung eines Wohnwagens nachdenken.

Tipps für den Umstieg

Ausrüstung wiegen. Fangen Sie mit einer Bestandsaufnahme an. Wiegen Sie jedes einzelne Teil Ihrer Ausrüstung. Am besten geht das mit einer Küchenwaage. Für kleinere Gegenstände ist eine Briefwaage besser geeignet.

Tragen Sie die Werte in eine Tabelle ein. Wenn Sie einen Computer besitzen, verwenden Sie ein Programm zur Tabellenkalkulation. So stellen Sie verschiedene Ausrüstungskombinationen zusammen und berechnen automatisch deren Gesamtgewicht. Besonders anschaulich ist es, die Daten als Diagramm darzustellen. So sieht man auf einen Blick, welches die besten Kandidaten für die nächste Runde der Ausrüstungsdiät sind. Es gibt auch spezielle Programme und Websites, die Sie bei dieser Arbeit unterstützen.

Empfehlenswert sind z. B. 💻 lighterpack.com und 💻 packstack.io.

Schrittweise vorgehen. Trennen Sie sich nicht sofort von Ihrer gesamten schweren Ausrüstung. Abgesehen davon, dass neues Equipment eine Menge Geld kostet, ist es auch riskant: Ultraleichtes Trekking erfordert eine intensivere Tourenvorbereitung, umfangreicheres Ausrüstungs-Know-how und vor allem praktische Erfahrung. Finden Sie für sich selbst heraus, wo ihre persönliche Ultraleichtgrenze liegt. Das funktioniert am besten so wie das Trekking selbst: Schritt für Schritt.

Überflüssige Ausrüstung weglassen. Fragen Sie sich bei jedem Gegenstand, bevor Sie ihn in den Rucksack packen: „Wäre es ein Problem, wenn ich ihn zu Hause lassen würde?" Ist die Antwort „Nein", dann lassen Sie ihn zu Hause. Ein Wasserkessel ist überflüssig, wenn man ebenso gut den Topf dafür verwenden kann. Mit einem Löffel isst es sich nicht schlechter als mit einer Gabel. Und lohnt es sich wirklich, die schwere Fotoausrüstung mitzunehmen, wenn man unterwegs nur ein Dutzend Schnappschüsse macht?

Möglichst leichte Ausrüstung wählen. Nie war das Angebot an ultraleichter Trekkingausrüstung größer als heute. Und dieser Trend geht weiter. Ausrüstung aus Titan oder Karbon ist heute nichts Ungewöhnliches mehr. Sicher, manches davon besteht in erster Linie aus Design, ist fragwürdig oder teuer. Aber es gibt auch Produkte, die revolutionär sind und einem das Leben in der Wildnis wirklich erleichtern.

Schweres zuerst ersetzen. Um möglichst wirksam seine Ausrüstung abzuspecken, gibt es ein einfaches Rezept: Fangen Sie mit den schwersten Gegenständen an: Rucksack, Schlafsack und Zelt. Natürlich könnten Sie auch mit etwas anderem beginnen. Aber dann kürzen Sie vielleicht den Stiel Ihrer Zahnbürste und verstauen diese weiterhin im alten 3 kg-Rucksack.

Jedes Gramm zählt. Schwere Ausrüstung lässt sich nur in einem schweren Rucksack transportieren. Das wiederum erfordert schwere Schuhe. Beim Tragen hoher Lasten verbraucht man mehr Energie, was die erforderliche Proviantmenge erhöht. Zudem schwitzt man mehr, muss öfters trinken und benötigt deshalb einen größeren Wasservorrat. So kommt eins zum anderen und verstärkt sich gegenseitig. Ein Teufelskreis. Deshalb lohnt es sich, auf wirklich jedes Gramm zu achten. Für sich allein betrachtet mag das Gewicht einer Tafel Schokolade nicht der Rede wert sein. Aber in Kombination mit vielen anderen Einsparungen wird daraus ein großer Beitrag.

Nach jeder Tour Bilanz ziehen. Nehmen Sie sich nach jeder Trekkingtour eine halbe Stunde Zeit und notieren Sie, was Ihnen beim Einsatz Ihrer Ausrüstung aufgefallen ist. Der beste Zeitpunkt dafür ist, wenn Sie zu Hause angekommen sind und Ihren Rucksack ausräumen.

Was hat sich besonders gut bewährt? Was hätten Sie gebraucht, hatten es aber nicht dabei? Was haben Sie unterwegs überhaupt nicht angerührt? Wie viel Proviant und Brennstoff haben Sie wieder mit nach Hause gebracht? Nehmen Sie diese Liste bei der Planung der nächsten Tour wieder zur Hand und berücksichtigen Sie Ihre Erkenntnisse.

Ausrüstung gemeinsam benutzen. Wenn Sie zu zweit oder in einer größeren Gruppe unterwegs sind, gibt es viele Dinge, die nicht jeder mitschleppen muss: Kocher, Kochgeschirr, Zelt, Wanderkarte, Kompass, GPS, Erste-Hilfe-Set, Lampe. Idealerweise machen Sie die Touren- und Ausrüstungsplanung deshalb gemeinsam mit Ihren Wanderpartnern.

Mehrfach nutzen. Manche Ausrüstungsgegenstände lassen sich vielfältig einsetzen: Ein zusammengerollter Pullover dient nachts als Kopfkissen, Trekkingstöcke kann man als Zelt- oder Tarpstangen verwenden, ein Regenponcho lässt sich auch als Tarp aufspannen, Kleidung nachts getragen ermöglicht einen leichteren Schlafsack, der Kochtopf dient als Essnapf. Je vielseitiger Ihr Equipment, umso weniger müssen Sie mitnehmen.

Equipment-Tuning. Bewaffnen Sie sich mit einer Schere oder einem scharfen Cutter-Messer und erleichtern Sie Ihre Ausrüstung. Die Spanngurte an Rucksäcken sind meist viel länger als notwendig. Schneiden Sie die überflüssigen Enden ab. Nehmen Sie Ihre Isomatte (nicht die aufblasbare) und verwandeln Sie das rechteckige Ding in eine anatomisch geformte Kurzmatte, die nur halb so viel wiegt. Seien Sie kreativ destruktiv!

Selbstbau. Blicken Sie über den Tellerrand der Ausrüstungskataloge hinaus. Oft gibt es leichtere Alternativen, die man selbst bauen kann. Einwegverpackungen wiegen fast nichts und lassen sich auch mehrfach verwenden. Aus der 5-Minuten-Terrine machen Sie so die 5-Tage-Tasse.

Tourenplanung. Gute Planung ist eine der einfachsten und besten Methoden, um Gewicht zu sparen. Je genauer Sie wissen, was Sie auf dem Trail erwartet, umso besser können Sie entscheiden, was Sie mitnehmen müssen oder zu Hause lassen sollten.

Stellen Sie sich folgende Fragen:

▷ Wie lang ist die **Gesamtstrecke**? Es ist ein verbreiteter Irrglaube, dass man für lange Touren mehr Gepäck braucht. Eher das Gegenteil ist richtig: Je länger die Tour, umso wichtiger ist es, das Ausrüstungsgewicht auf ein Minimum zu reduzieren. Vier Paar Socken, fünf Wanderhemden und sechs Sätze Unterwäsche sind Unsinn. Selbst auf langen Trekkingtouren ist man komfortabel und hygienisch mit nur zwei Garnituren Wechselbekleidung unterwegs. Eine trägt man am Körper, die andere wird gewaschen und getrocknet.

▷ Wie sieht das **Höhenprofil** der Route aus, und wie ist der Trail beschaffen? Zusammen mit der körperlichen Leistungsfähigkeit sind das die beiden wichtigsten Faktoren, um abzuschätzen, welche Einzeletappen Sie planen können und wie schnell Sie dabei vorankommen. Auf flachen, befestigten Wegen rechnet man mit rund 4 km/h. Bei großen Steigungen, sumpfigen Wildnisrouten, losem Geröll oder verblockten Passagen schafft man vielleicht nur 2 km/h.

▷ Wo gibt es **Wasser**? Füllen Sie bei jeder Gelegenheit Ihren Wasservorrat auf und trinken Sie so viel Sie können, bevor es weitergeht. Wasser trägt sich leichter im Bauch als auf dem Rücken, denn das Gewicht liegt nah am Körperschwerpunkt und verteilt sich schnell im Körper. „Zu viel" getrunkenes Wasser ist kein Problem: Erstens wird es schnell wieder ausgeschieden und zweitens ist es gesund, seinen Körper gut hydriert zu halten. Schlagen Sie Ihr Camp in Wassernähe auf, egal ob Bachlauf, See oder Wasserhahn.

▷ Kann man unterwegs seinen **Proviant** ergänzen? Eine besonders wirksame Maßnahme, um Gewicht zu sparen. Wenn man jede Mahlzeit von Beginn an mitschleppen muss, kommen schnell wahre Essensberge zusammen. Typische Trekkingnahrung bekommt man unterwegs natürlich selten. Deshalb sollten Sie diese Rationen für die Streckenabschnitte ohne Zivilisationskontakt reservieren.

▷ Wie viel **Brennstoff** ist erforderlich? Egal, ob Gas, Benzin, Spiritus oder Esbit: Sie sollten ein Gefühl dafür entwickeln, wie viel Brennstoff Ihr Kocher benötigt. Wenn Sie es genau wissen wollen, dann schreiben Sie auf, für wie viele Mahlzeiten Ihr Brennstoffvorrat gereicht hat. Berücksichtigen Sie dabei, dass die Werte stark von den Wind- und Temperaturverhältnissen abhängen.

▷ Wie viele **Reservetage**? Je länger die Tour, umso mehr Reservetage sollten Sie einplanen. Bei der Frage, ob man die Reservetage auch bei der Proviantplanung berücksichtigen sollte, gehen die Meinungen auseinander. Ich selbst habe die Erfahrung gemacht, dass es sich – mit Ausnahme von Wintertouren – nicht lohnt, zusätzlichen Proviant für den Fall der Fälle mitzunehmen. Solange man genügend Wasser hat, droht einem außer Magenknurren keine Gefahr.

▷ Gibt es **Alternativrouten** oder **Abbruchmöglichkeiten**? Manchmal kommt man nicht so schnell voran wie geplant. Oder es passiert etwas Unvorhergesehenes. Weiß man jedoch, wie man schnell wieder in die Zivilisation zurückkommt, reduzieren sich die Risiken und damit auch die Notwendigkeit, zusätzliche Ausrüstung oder Proviant für den Fall der Fälle mitzunehmen.

▷ Wie wird das **Wetter**? Für Trekkingtouren, die nicht länger als drei oder vier Tage dauern, sind verlässliche Wettervorhersagen möglich, nach denen man planen kann. Dauert die Tour länger, dann hilft nur der Blick in eine Klimatabelle. Auf Internetseiten wie 💻 www.wetteronline.de sind auch Wetterdaten der vergangenen Jahre verfügbar. So kann man sich für viele Orte der Welt auch über die aktuelle Vorhersage hinaus ein realistisches Bild von dem machen, was einen erwartet. Möchte man sich unterwegs selbst als Wetterfrosch betätigen, hilft dabei:

📖 **Wetter** von M. Hodgson & M. Schrader, OutdoorHandbuch *Basiswissen für draußen*, Conrad Stein Verlag, Band 13, ISBN 978-3-86686-786-4, € 9,90

▷ **Seine Ausrüstung und sich selbst kennen lernen**. Gute Planung gelingt nur, wenn man seinen Körper, seine Psyche sowie seine Ausrüstung kennt und sich über die „Einsatzgrenzen" dieser drei Faktoren bewusst ist. Nehmen Sie deshalb auf Ihren nächsten Trekkingtouren ganz bewusst einmal kalkulierbare Risiken in Kauf. Gerade wenn Dinge schief gehen, wenn man improvisieren muss oder wenn es einmal „dicker kommt" als angenommen, lernt man am meisten hinzu.

▷ Testen Sie bei verschiedenen Witterungsbedingungen, wie schnell Ihre Kleidung trocknet. Hängen Sie das nasse Funktions-Shirt oder die Wanderhose über den Rucksack und prüfen Sie, wann sie wieder einsatzfähig sind. Selbst bei Funktionsmaterialien gibt es da erhebliche Unterschiede.

▷ Gehen Sie an die Grenzen Ihrer Ausrüstung. Wandern Sie ruhig einmal in strömendem Regen ohne wasserdichte Jacke und tragen Sie stattdessen einen Fleecepulli mit einem Windshirt darüber. Testen Sie, wie lange ihr Körper damit warm und trocken bleibt. Viele Kunstfasern wärmen selbst in feuchtem Zustand noch sehr gut und trocknen am Körper – vor allem wenn man sich bewegt – in kürzester Zeit. Ich habe es schon erlebt, dass meine nasse Kleidung bereits eine halbe Stunde nach dem Regenguss wieder vollkommen trocken war. Achten Sie bei diesen Experimenten aber darauf, dass Sie sich nicht unterkühlen.

▷ Spielen Sie mit Ihrer Kleidung und vergleichen Sie verschiedene Kombinationen. Was hält Sie warm? Was trägt sich angenehmer? Worin fühlen Sie sich wohl? Ermitteln Sie Ihre persönliche Komforttemperatur im Schlafsack. Die Temperaturangaben der Hersteller sind zwar genormt und für ausgeruhte Durchschnittsmenschen auch korrekt. Aber das nützt Ihnen wenig, wenn Sie leicht frieren.

▷ Machen Sie sich ein realistisches Bild Ihrer Kondition. Halten Sie fest, welche Etappenlängen Sie laufen können und welche Höhenunterschiede Sie dabei bewältigt haben. Ungeplante Ruhetage oder Trödeletappen bringen Sie möglicherweise in Zeitnot. Sie kosten außerdem zusätzlichen Proviant und bei Wanderungen in einer Gruppe macht man sich keine Freunde damit.

▷ Bekommen Sie ein Gefühl dafür, was und wie viel Sie auf Trekkingtouren essen. Bei manchen Menschen steigt der Hunger draußen ins Unermessliche, andere essen automatisch etwas weniger. Nur wenn Sie Ihren Proviantbedarf richtig einschätzen, tragen Sie nicht zu wenig und vor allem nicht zu viele Lebensmittel mit sich herum.

▷ Der wichtigste Ratschlag zum Schluss: Gehen Sie keine unkalkulierbaren Risiken ein. Den neuen Sommerschlafsack in Alaska zu testen, ist vielleicht nicht die beste Idee. Probieren Sie neue Ausrüstung und Methoden zunächst im Nahbereich aus und erst danach auf großer Tour.

Rucksack

Viele Trekkingrucksäcke erfordern mittlerweile fast eine Bedienungsanleitung. Sie sind ausgestattet mit aufwendigem Tragesystem für hohe Lasten, anatomisch geformtem Innengestell, einem Ventilationssystem, damit man bei der ganzen Schlepperei nicht noch mehr schwitzt, und zahlreichen Justierungs- und Aufbewahrungsmöglichkeiten. Da gibt es Hauptfach, Deckelfach, Seitentaschen, Frontreißverschluss, Innenfächer, separaten Schlafsackteil und Geheimfach im Hüftgurt. Kein Wunder, dass solche Rucksäcke 2 bis 3 kg wiegen, manchmal sogar noch mehr.

Ultraleichte Modelle dagegen belasten ihren Träger mit weniger als 1 kg. Mit geringerem Gewicht auf dem Rücken ist ein komplexes und schweres Tragesystem nicht mehr notwendig, um die Last unter Kontrolle zu halten. Aus dem gleichen Grund besitzen diese Fliegengewichte oft kein festes Gestell. Ihre Form bekommen sie dadurch, dass man seine Ausrüstung hineinpackt. Auch die Anzahl der Taschen und Fächer ist geringer und das Rucksackmaterial dünner. Das muss nicht heißen, dass solche Rucksäcke weniger robust sind. Gewebe wie *Dyneema X Gridstop* oder *X-Pac* halten auch harte Belastungen aus.

Die Hersteller produzieren leichte Rucksäcke meist in mehreren Größen, so wie man es ja auch von der Kleidung her gewohnt ist. Auch das spart Gewicht, denn ein Verstellsystem, das man einmal und nie wieder justiert, fällt damit weg.

Produktbeispiele:

- ▷ *Gossamer Gear Mariposa,* **865 g** (Größe M, inklusive getrennt erhältlichem Hüftgurt), 60 l. Ultraleichtrucksack mit integriertem Gestänge zur Lastverteilung und gutem Tragekomfort für bis zu 14 kg. In drei Größen verfügbar und bewährt auf extremen Langstrecken-Wanderungen. 💻 www.gossamergear.com
- ▷ Hyberg Attila X, **695 g** (Größe M, inklusive Rückenpolster), 50 l. Ultraleichtrucksack aus vergleichsweise robusten Materialien wie X-Pac VX-21. Guter Tragekomfort für bis zu 15 kg sowie geräumige Seiten-, Hüft- und Schultergurttaschen. In zwei Größen und auch in noch leichteren Varianten als „Attila RS" (HDPE Ripstop-Nylon), „Attila DCF" (Dyneema Composite Fabric) oder „Attila Ultra" (Ecopak Ultra 200) verfügbar. 💻 hyberg.de
- ▷ *Zpacks Arc Blast,* **595 g**, 55 l Volumen. Teurer, aber auch leichter und sehr bequemer Rucksack aus dem reißfesten Material Dyneema Composite Fabric Hybrid. Der Rücken kommt nur mit einem gespannten Netz in Kontakt und ist somit gut belüftet. Diverse Außentaschen, Rollverschluss, abnehmbarer Hüftgurt, 16 kg Maximal-Gewicht. 💻 zpacks.com
- ▷ *Granite Gear Virga 2,* **540 g** (Größe M), 54 l. Rahmenloser Rucksack mit fixer Rückenlänge für Lasten bis 13 kg. Rolltop-Verschluss, drei Außentaschen, stabil und relativ günstig. Gut komprimierbar und dadurch auch für kürzere Touren geeignet. 💻 www.granitegear.com
- ▷ *Huckepacks Phoenix Lite,* **467 g** (Größe M), 50 l. Rucksack aus einer kleinen deutschen Manufaktur. 296 g Minimal-Gewicht ohne Zubehör. Hochwertig verarbeitet, viele durchdachte Details und auch in einer robusteren Variante verfügbar (DxG Line). 💻 www.huckepacks.de
- ▷ *Hyperlite Mountain Gear Stuff Pack,* **127 g**, 30 l. Leichter Tagesrucksack aus dem wasserfesten Material DCF11 Dyneema Composite. Rolltop-Verschluss, einstellbare Schultergurte. 💻 ww.hyperlitemountaingear.com
- ▷ *Vaude Rupal Light 28,* **610 g,** 28 l Fassungsvermögen. Optimal geeignet für alpines Klettern und Bergsteigen. Schmale Form, Halterungen für Stöcke, Seil und Eisgeräte. 💻 www.vaude.de
- ▷ *EOE Ulmen 25,* **102 g**, 25 l. Ein Rucksack mit breiten Schulterträgern, Rollverschluss und seitlichen Kompressionsriemen. Geeignet für

Tagestouren, den Gipfelsturm vom Basislager aus, fürs Handgepäck im Flugzeug oder als komprimierbarer Packsack. Wird in der eigenen Innentasche verstaut. 💻 eoe-europe.com

Weitere Modelle finden Sie auf den jeweils genannten Websites sowie bei folgenden Herstellern und Manufakturen: Atom Packs (💻 atompacks.co.uk),
Bonfus (💻 bonfus.com), ChrisPacks (💻 www.chrispacks.com),
Ferrino (💻 www.ferrino.it), Liteway (💻 liteway.equipment),
Mountain Laurel Designs (💻 mountainlaureldesigns.com),
Osprey (💻 www.ospreyeurope.com),
Sierra Designs (💻 sierradesigns.com),
Six Moon Designs (💻 www.sixmoondesigns.com),
Ultralight Adventure Equipment (💻 www.ula-equipment.com),
WeitLäufer (💻 www.weitlaeufer.de).

Rucksackvergleich

Der leichteste Rucksack ist derjenige mit dem größten Fassungsvermögen beim geringsten Gewicht. Wer die verschiedenen Modelle untereinander vergleichen will, muss folglich nur eine einfache Rechnung anstellen.

Bilden Sie dazu das Verhältnis von Gewicht zu Volumen. So erhalten Sie eine Zahl, die Ihnen sagt, wie viel Gramm Rucksack Sie für jeden Liter Stauraum darin tragen müssen. Je kleiner der Wert, umso leichter der Rucksack.

Ein Beispiel: Der *Huckepacks Phoenix Lite* wiegt 467 g und fasst 50 l. 467 dividiert durch 50 ergibt ca. 9. Jeder Liter Stauraum erfordert also 9 g Rucksackgewicht. Ein populärer Trekkingrucksack wie der Lowe Alpine Cerro Torre ND60:80 wiegt 2.790 g und fasst 60 l. 2.790/60 = 46,5 g/l. Hier müssen Sie also etwa fünfmal so viel Gewicht für Ihr Rucksackvolumen (er)tragen.

Mit dieser Methode ist es möglich, auch jedes beliebige Modell hinsichtlich seines Gewichts zu bewerten und zu vergleichen (☞ Diagramm). Nehmen Sie bei Ihrer Auswahl aber auch auf die verwendeten Materialien Rücksicht und nutzen Sie auf jeden Fall die Möglichkeit, den Rucksack der Wahl unter Last Probe zu tragen.

Produkt	Volumen	Gewicht	Verhältnis
EOE Ulmen 25	25 l	102 g	4 g/l
Huckepacks Phoenix Lite	50 l	467 g	9 g/l
Gossamer Gear Mariposa	60 l	865 g	14 g/l
Vaude Rupal Light 28	28 l	610 g	22 g/l
Lowe Alpine Cerro Torre	60 l	2.790 g	47 g/l

Rucksackvergleich: Je kürzer der Balken, desto besser

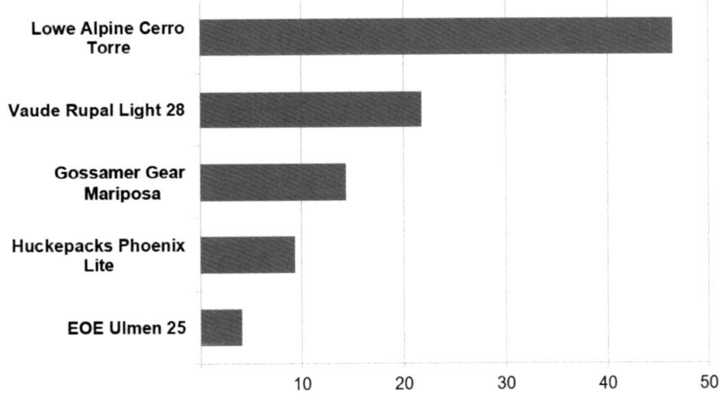

Einen Rucksack verwendet man in erster Linie zum Tragen der Ausrüstung. Im Camp ist er meist im Vorzelt verstaut, um dort das verbleibende Gepäck trocken zu halten. Aber warum soll er sich nicht auch nachts nützlich machen?

▷ Als **Kopfkissen**. Ultraleichte Rucksack-Modelle besitzen oft kein festes Tragegestell, lassen sich zusammenrollen und dann als improvisierte Nackenrolle verwenden.

▷ Als zusätzliche **Schlafsackhülle** für den Fußbereich. Mit diesem Bergsteiger-Trick erhöht man die Wärmeleistung des Schlafsackunterteils um einige Grad. Praktisch, falls der Schlafsack mal nass geworden ist oder in einer kalten Nacht die Füße nicht warm werden.

▷ Als **Proviantbehälter** in Bärengebieten. Verstauen Sie Ihre Nahrungsmittel im Rucksack und ziehen Sie ihn dann mittels einer Schnur an einem quer stehenden Ast hoch. Achten Sie dabei auf einen ausreichend großen Abstand zum Stamm.

Regenhülle

Auf den ersten Blick ist es überraschend, dass die wenigsten Rucksäcke wasserdicht sind. Dabei gehört Regen doch zu den größten Gefahren, insbesondere für Schlafsack und Kleidung. Die wenigen regendichten Rucksack-Modelle auf dem Markt sind jedoch relativ schwer, da man die Reißverschlüsse und Nähte aufwendig abdichten muss.

Deshalb gibt es separate Regenhüllen. Sie bestehen aus einem wasserdichten Material, meist beschichtetes Nylon, und haben einen umlaufenden Gummizug, mit dem sie den Rucksack umschließen. Typische Modelle für 75-Liter-Rucksäcke wiegen etwa **180 g**. Schultergurte und Hüftgurt bleiben jedoch unbedeckt, genauso wie die Rückenseite. Und genau da liegt das Problem. Zwischen Rücken und Rucksack kann der Regen ungehindert herunterlaufen und in den Rucksack eindringen. Einen vollständigen Schutz vor eindringender Nässe gewährt die Regenhülle also nicht.

Sicherer, leichter und preiswerter ist ein stabiler **Müllsack**. Er sollte etwas größer als das Rucksackvolumen sein. Wenn Ihr Rucksack 70 Liter fasst, nehmen Sie einfach einen Müllsack mit 100 oder 120 Liter Inhalt. Gewicht: rund **40 g**. Mit der leeren Mülltüte kleiden Sie den Rucksack innen aus und packen erst dann Ihre Ausrüstung hinein. Beim Einsatz eines solchen *Rucksackliners* wird zwar der Außenstoff nass, aber der Inhalt darin ist rundum geschützt.

Achten Sie darauf, dass nach dem Packen noch ausreichend Platz bleibt, um den Müllsack oben zusammenzurollen, damit kein Wasser eindringt. Andernfalls nehmen Sie einen dicken Gummiring zum Verschließen.

Durch das ständige Ein- und Ausräumen der Ausrüstung kann es zu Beschädigungen des Müllsacks kommen. In diesem Fall lässt er sich leicht mit einem Stück Klebeband reparieren. Auf längeren Touren ohne Nachschub ist es sicherer, zwei Säcke mitzunehmen.

☺ Bei einigen Outdoor-Ausrüstern sind auch spezielle Plastiksäcke als Rucksackliner erhältlich. Der *Nylofume Pack Liner* (**26 g**, 💻 hikerhaus.de) eignet sich mit 42,5 l Nutzvolumen für kleinere Tourenrucksäcke. Der *TLD Rucksack Liner* (**116 g**, 💻 www.trekking-lite-store.com) ist aus strapazierfähiger LDPE-Folie und für Rucksäcke bis 70 l Volumen.

Aufbewahrung

Viele Trekker stopfen ihre Ausrüstung nicht einfach in den Rucksack. Sie verwenden zusätzlich Packsäcke, Beutel oder Tüten: um Ordnung zu halten, zum Schutz vor Feuchtigkeit, zur Kompression oder um umverpackte Nahrungsmittel sicher zu verstauen.

Kompressionssäcke reduzieren den Platzbedarf für Schlafsack und Kleidung, indem sie über außen liegende Riemen den Inhalt stark zusammenpressen. Dadurch entsteht eine steinharte Kugel, die zwar weniger Platz einnimmt, aber das Gewicht um **150 g** und mehr erhöht. Ein Teil des Raumvorteils geht allerdings wieder verloren, da sich der feste Klumpen nicht mehr verformen lässt und ungenutzte Hohlräume im Rucksack entstehen. Außerdem schadet es auf Dauer der Schlafsackfüllung, wenn sie stark zusammengepresst wird. Deshalb empfehle ich, auf Kompressionssäcke zu verzichten.

Stausäcke gibt es in den unterschiedlichsten Ausführungen. Vom absolut wasserdichten *Ortlieb*-Rollverschluss-Modell über den einfachen Nylonsack bis zum luftig-leichten Netzbeutel. Wenn Sie einen Rucksackliner verwenden, ist alles darin vor Nässe geschützt und eine zusätzliche wasserdichte Schicht im Grunde nicht notwendig. Möchten Sie auf eine zweite Sicherheitsbarriere nicht verzichten, sind Stausäcke aus silikonisiertem Ripstop-Nylon die beste Wahl.

✋ **Vorsicht:** Wasserdichte Stausäcke besitzen teilweise nur einen Schnürzug mit Klemmverschluss. An dieser Stelle kann ohne Weiteres Wasser eindringen, etwa wenn der Beutel untergetaucht wird.

Möchten sie lediglich Ordnung halten, dann empfehlen sich **Netzbeutel** aus Nylongewebe, die je nach Größe zwischen **5** und **30 g** wiegen. Besonders praktisch sind sie als „Kulturbeutel", wo die feuchte Zahnbürste oder das Handtuch rasch trocknen. In einem zweiten Beutel verstaut man seinen gesamten Kleinkram. So muss man nicht in den Rucksacktaschen danach graben und sieht bereits von außen, ob sich das Gesuchte darin befindet.

Plastiktüten mit Zip-Verschluss sind vielfältig einsetzbar. Ich verwende sie zur Aufbewahrung von Nahrungsmitteln, als wasserdichten Schutz für Smartphone, Toilettenpapier oder Schreibblock. Auch als nässesichere Verpackung für Ersatzunterwäsche sind die Tüten bestens geeignet. Gewicht: **1 bis 20 g.**

Produktbeispiele:

- ▷ *Sea to Summit Ultra-Mesh Stuff Sack*, ab **6 g**. Erhältlich in den Größen XXS (2,5 l) bis XXL (30 l), aus Nylon-Netzgewebe. 💻 www.seatosummit.de
- ▷ *Sea to Summit Ultra-Sil Nano Dry Sack*, ab **13 g**. Wasserdichte Säcke aus sehr leichtem, silikonbeschichtetem Nylon. Mit Rolltop-Verschluss und 1 l bis 35 l Volumen.
- ▷ *Hyperlite Mountain Gear DCF8 Stuff Sack Set #1*, **32 g**. Vier unterschiedlich große Packsäcke, deren Einzelgewichte zwischen **4 g** und **11 g** liegen. Geklebte Nähte und aus dem superleichten Material Dyneema Composite Fabric (ehemals Cuben), das einen schonenderen Umgang erfordert. 💻 www.hyperlitemountaingear.com
- ▷ *Eagle Creek Pack-it Compressor*, ab **30 g** (29 x 37 cm). Kunststoffbeutel mit Zip-Verschluss und einem Ventil, das die Luft rauslässt, aber nicht wieder rein. 💻 eaglecreek.eu

Packsäcke eignen sich nicht nur zum Verpacken der Ausrüstung. Mit etwas Kreativität lassen sie sich auch für andere nützliche Anwendungen einsetzen:

- ▷ Kleine wasserdichte Stausäcke lassen sich als **Überhandschuhe** für den Notfall verwenden. Darunter trägt man ein paar dünne Fingerhandschuhe aus Fleecematerial (☞ Bekleidung, Seite 97).
- ▷ Einen Stausack verwandeln Sie in ein komfortables **Kopfkissen**. Stopfen Sie einfach Ihre überzähligen Kleidungsstücke hinein. Besonders komfortbewusste Trekker nähen sich ein Stück Fleece (ca. **10 g**) auf die Innenseite des Sacks und stülpen das Innere nach Außen, bevor das Kopfkissen seine Füllung bekommt.

▷ Zur Aufbewahrung der Verpflegung verwende ich einen **Proviantsack** aus Plastik. Er ist besonders praktisch in Regionen, wo kleinere oder größere Tiere ihn unwiderstehlich finden könnten. Mit einem Seil an einem hohen Ast aufgehängt ist er jedenfalls sicherer als im Zelt oder gar in der Apsis. (In Australien hat mich mal ein Känguru die ganze Nacht auf Trab gehalten und schließlich doch im Vorzelt den Kampf um die heiß begehrten Trekkingkekse gewonnen.)

▷ Auch als Trekker errichtet man gelegentlich ein Basislager, von dem aus man Tagestouren mit wenig Gepäck unternimmt. Manchmal reicht es aus, die Wasserflasche und einige Snacks mitzunehmen. In der Hand halten ist allerdings unpraktisch. Quer in einen Netzbeutel hineingelegt und diesen dann aufgerollt bekommt die Flasche zwei „Stoffhenkel", die man mit einem kurzen Stück Leine und zwei Knoten (Topsegelschotstek, ☞ Abspannleinen, Seite 37) zu einer ultraleichten **Hüfttasche** umfunktionieren kann.

Rucksack richtig packen

Egal, wie man seinen Rucksack packt: Das tatsächliche Gewicht bleibt natürlich immer gleich. Aber mit einigen Tricks beim Einpacken verringert sich die *gefühlte* Last doch ganz erheblich.

Mit einer festen Packordnung wie in der folgenden Abbildung hat jeder Gegenstand seinen eigenen Platz. So wissen Sie auch jederzeit, wo Sie was im Rucksack suchen müssen. Bricht man sein Lager ab, geht man automatisch die „innere Checkliste" Punkt für Punkt durch und kann sich dadurch sicher sein, nichts liegen gelassen zu haben. Auf Touren in abgelegener Wildnis ist unter Umständen jedes einzelne Teil der Ausrüstung überlebenswichtig.

Ultraleichtrucksäcke besitzen oft kein aufwendig gepolstertes Tragesystem. Dadurch hat der Rücken des Trägers direkten Kontakt mit dem Rucksackinhalt und meldet sofort die ungeschickt platzierte Brennstoffflasche am Lendenwirbel. Den Schlafsack stopft man deshalb ganz unten in den Rucksack. Dort polstert er genau den Bereich, wo der Hüftgurt die Last auf den Körper überträgt.

Auf manchen Touren verwende ich eine dreiviertellange „sich selbst aufblasende" Matte. Ich rolle sie nicht zusammen, sondern falte sie einmal längs und dreimal quer wie eine Ziehharmonika. So wird daraus ein flacher Deckel, über den die darüber liegende Ausrüstung den Schlafsack komprimiert. Eine feste Isomatte befestige ich entweder außen am Rucksack oder schiebe sie als weite, innen anliegende Röhre in den Rucksack hinein. In diesem Fall formt sie den Rucksack und dient zudem als zusätzliches Rückenpolster.

Rucksack richtig gepackt

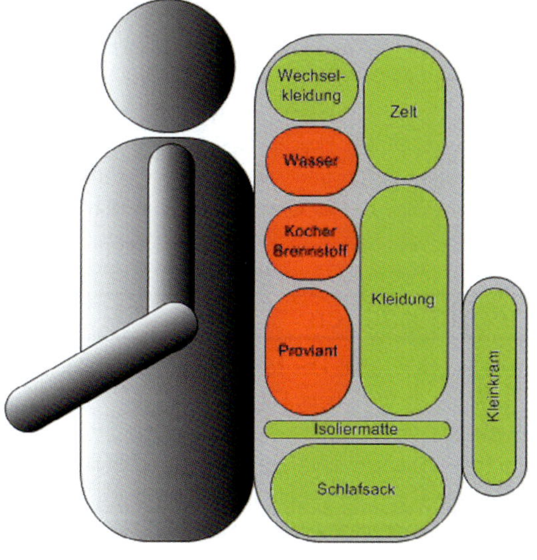

Die schweren (in der Abbildung rot markierten) Dinge wie Proviant, Kocher, Brennstoff und Wasser verstaue ich in Rückennähe. Damit liegt der Schwerpunkt so nah wie möglich am Körper und macht das Tragen angenehmer. Um die Schwergewichte dort zu halten, fülle ich die Außenseite mit Kleidung auf.

Ganz oben im Rucksack befinden sich Tagesproviant und Wechselbekleidung. Je nach Witterung ist das eine Windjacke oder auch die volle Regenausrüstung. Auch das Zelt wird ganz oben verstaut. So ist es schnell zur Hand, wenn man bei schlechtem Wetter sein Lager aufbauen muss.

Die Außentasche schließlich ist für den Kleinkram reserviert, den man unterwegs oft braucht oder der sich im Hauptfach verlieren würde.

Zelt

Die Vielfalt der Zelte ist inzwischen fast unüberschaubar. Hier das richtige Modell zu finden, kann einen wochenlang beschäftigen. Ultraleicht-Trekker haben es bei der Auswahl einfacher, denn die Kriterien sind klar definiert: Das Zelt muss möglichst leicht sein und dabei ausreichend Platz und Stabilität für den geplanten Einsatzzweck bieten.

Zunächst gilt es, die erforderliche **Liegefläche** zu bestimmen. In Schlechtwettergebieten kann es durchaus passieren, dass man auch mal einige Tage an seine Behausung gefesselt ist. Dann ist es angenehm, etwas mehr Wohnraum zur Verfügung zu haben. Etwa 2 m^2 reichen für eine Person mittlerer Statur, bei 1,5 m^2 wird es langsam eng.

Die einfachsten und leichtesten Zelte sind als **Einwand-Zelte** konzipiert. Da die Zelthaut meist absolut wasserdicht ist, entweicht auch kein Wasserdampf von innen nach außen. In der Nacht gibt allerdings jeder Mensch zwischen 0,5 und 1 l Feuchtigkeit über die Atemluft und die Haut ab. Ist die Belüftung eingeschränkt, kondensiert die Feuchtigkeit an der kalten Zeltplane und die Behausung wird zur Tropfsteinhöhle. Moderne Einwand-Konstruktionen bieten deshalb ausreichend Ventilationsmöglichkeiten, die diesen Effekt weitestgehend vermeiden.

Doppeldach-Zelte bestehen aus einer wasserdichten Außenhaut und einem Innenzelt aus durchlässigem Netzmaterial. Die Körperfeuchtigkeit kondensiert nach wie vor an der äußeren Plane, nur schützt das Innenzelt die Bewohner vor dem direkten Kontakt damit. Der Nachteil dieser Doppeldachkonstruktionen ist neben dem höheren Gewicht der manchmal umständlichere Aufbau und die durch das Innenzelt reduzierte Wohnfläche.

Bei den **Zeltformen** gibt es Tunnel-, Kuppel-, Geodäten-, Einbogen-, Pyramiden- und Firstzelte sowie verschiedene Sonder- und Mischformen. Sie unterscheiden sich unter anderem durch die Anzahl der Gestängebögen und deren Anordnung zueinander. Die Zeltstangen machen einen erheblichen Teil des Gewichts aus. Aluminiumlegierungen oder Rohre aus Karbon sind extrem leicht und stabil. Fiberglas findet man nur bei schweren Billigzelten. Einige Firstzelte kommen ganz ohne Gestänge aus und nutzen stattdessen Trekkingstöcke. Sie sind zwar nicht ganz so sturmstabil wie die Bogenkonstruktionen, aber vom Gewicht her unschlagbar.

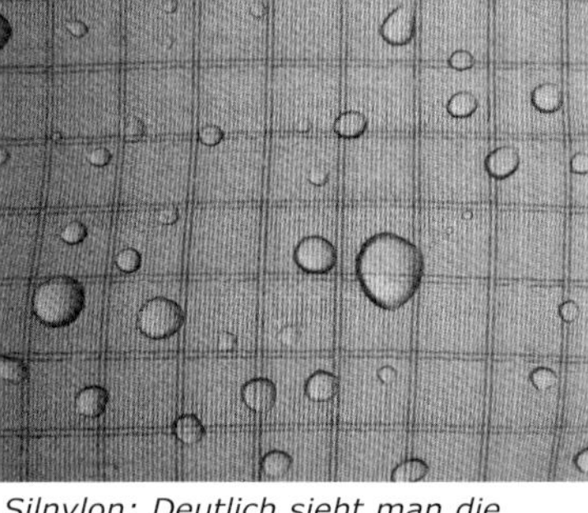

Silnylon: Deutlich sieht man die eingewebten Verstärkungsfäden

Als Zeltmaterial findet man bei ultraleichten Modellen fast ausnahmslos **silikonisiertes Ripstop-Nylon** („Silnylon", „SilLite", „Kerlon" etc.) in verschiedenen Gewebestärken.

Ein Quadratmeter der leichtesten Variante wiegt weniger als **25 g**. In das Nylongewebe sind in regelmäßigen Abständen dickere Verstärkungsfäden eingewebt. Sie erhöhen die Reißfestigkeit und verringern bei Nässe die Dehnung des Materials. Die Beschichtung aus Silikon ist elastisch, langlebig und extrem wasserabweisend. Zudem erhöht Silikon die Reißfestigkeit und UV-Stabilität des Nylons.

☺ Leichte Zelte sind oft mit Angaben wie „15den" oder „15D" versehen. Diese Denier-Werte geben die Feinheit der Garne an, und 1 den steht für 1 g pro 9.000 m Garnlänge. Da die Verarbeitung der Garne durchaus unterschiedlich ist, bietet diese Kennzahl aber nur eine grobe Orientierung für das Gewicht und die Robustheit des Zeltstoffs.

Produktbeispiele:

Herkömmliche Zweipersonenzelte wiegen 3.000 g und mehr, Ultraleichtmodelle weniger als die Hälfte. Die angegebene Nutzfläche besteht aus der Liegefläche und dem Stauraum in den Apsiden.

▷ *Exped Venus II UL*, **2.240 g**, 125 x 220 cm Liegefläche, 5,1 m² Nutzfläche. Leichtversion einer auf Nordlandtouren bewährten Kombination aus Tunnel- und Giebelzelt. Eine Firststange stabilisiert hier die Tunnelkonstruktion. Großer Innenraum durch steile Wände, üppig dimensionierte Apsiden. 💻 www.exped.ch.

▷ *Hilleberg Nallo 2*, **2.000 g**, 130/109 x 220 cm Liegefläche, 3,9 m² Nutzfläche. Für Touren, auf denen es auch mal so richtig ungemütlich werden kann, ist auch das Tunnelzelt Nallo 2 eine gute Wahl. Das Außenzelt besteht aus Kerlon 1200, einer speziellen Silnylon-Variante von Hilleberg. hilleberg.com

- ▷ *MSR Hubba Hubba NX 2,* **1.850 g**, 127 x 213 cm Liegefläche, 4,3 m² Nutzfläche. Doppelwandiges Kuppelzelt mit zwei Apsiden und Eingängen auf jeder Seite. Lässt sich auch ohne Innenzelt verwenden. Die Soloversion heißt *Hubba NX Solo UL.* www.msrcorp.com
- ▷ *Hilleberg Anaris,* **1404 g**, 120 x 220 cm Liegefläche, 4,4 m² Nutzfläche. Geräumiges Doppeldach-Firstzelt mit zwei Apsiden, dessen Außenzelt sich auch als Tarp nutzen lässt. Aufbau mit Wanderstöcken. Seitliche Zeltwände lassen sich für maximale Belüftung hochrollen. hilleberg.com
- ▷ *Vaude Lizard Seamless 1-2P,* **1.076 g**, 110/90 x 230 cm Liegefläche, 2,3 m² Nutzfläche. Einbogenkonstruktion mit beidseitig silikonisiertem und geschweißtem statt genähtem Zeltmaterial. Für eine Person sehr geräumig, für zwei Personen sehr eng. Auch als geräumigeres *Vaude Lizard Seamless 2-3P* erhältlich. www.vaude.com
- ▷ *3F UL Gear Lanshan 2 pro,* **915 g**, 120 x 230 cm Liegefläche, 4,4 m² Nutzfläche. Einwand-Firstzelt, das dem *Hilleberg Anaris* ähnelt und mit Trekkingstöcken aufgebaut wird. Ist auch als Doppeldach-Zelt *Lanshan 2* oder als Soloversion *Lanshan 1 pro* erhältlich. Per Direktimport aus China eines der günstigsten Zelte. 3fulgear.com
- ▷ *MSR Carbon Reflex 2,* **895 g**, 127 x 213 cm Liegefläche, 4 m² Nutzfläche. Eines der wenigen Ultraleicht-Kuppelzelte. Doppelwand-Konstruktion, zwei Apsiden, sehr geringe Innenhöhe von nur 86 cm. Auch in Varianten für Solo-Trekker oder drei Personen erhältlich (675 g bzw. 1.017 g). www.msrgear.com
- ▷ *Big Agnes Fly Creek HV UL2,* **879 g**, 132/107 x 218 cm Liegefläche, 3,3 m² Nutzfläche. Bei Thru-Hikern in den USA sehr beliebtes Doppelwand-Zelt mit einer Apsis. Relativ eng und mit Eingang am Kopfende. Auch als *Fly Creek HV 2 Carbon* mit Karbongestänge und Außenzelt aus Dyneema Composite Fabric erhältlich (510 g). www.bigagnes.com
- ▷ *Tarptent Double Rainbow Li,* **696 g**, 127 x 224 cm Liegefläche, 4,3 m² Nutzfläche. Auf Langstrecken-Wanderungen bewährtes Zelt. Neue Ausführung aus wasserdichtem Dyneema Composite Fabric. Mit Trekkingstöcken ist die Einbogenkonstruktion auch frei stehend. www.tarptent.com

▷ *Zpacks Duplex Tent*, **550 g**, 114 x 230 cm Liegefläche, 3,8 m^2 Nutzfläche. Extrem leichtes und auf Langstrecken-Wanderungen erprobtes Einwand-Firstzelt aus wasserdichtem Dyneema Composite Fabric (17,4 g/m^2). Im Jahr 2019 das beliebteste 2-Personen-Zelt auf dem Appalachian Trail. Aufbau mit Trekkingstöcken, zwei Apsiden.
💻 zpacks.com

Weitere ultraleichte Zelte finden Sie auf den jeweils genannten Websites sowie bei folgenden Herstellern und Manufakturen: Bonfus (💻 bonfus.com), Ferrino (💻 www.ferrino.it), Gossamer Gear (💻 www.gossamergear.com), Hyperlite Mountain Gear (💻 www.hyperlitemountaingear.com), LightHeart Gear (💻 lightheartgear.com), Lightwave (💻 www.lightwave.uk.com), Liteway (💻 liteway.equipment), Marmot (💻 www.marmot.de), Nemo Equipment (💻 www.nemoequipment.com), Nigor (💻 de.nigor.eu),
Nordisk (💻 nordisk.eu), Sierra Designs (💻 sierradesigns.com), Six Moon Designs (💻 www.sixmoondesigns.com), SlingFin (💻 www.slingfin.com).

3F UL Gear Lanshan 2

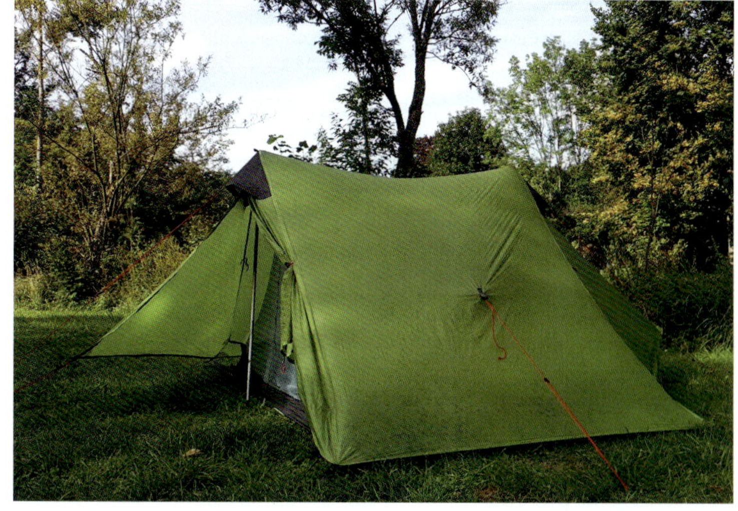

Zeltvergleich

Beim Zeltkauf muss man auf viele Dinge achten: Konstruktionstyp, Liegefläche, Kopffreiheit, Sturmfestigkeit, Aufbau, Belüftung, Gewicht usw. Selbst bei ultraleichten Modellen fällt die Entscheidung da manchmal schwer.

Eine kleine Hilfe bietet Ihnen das folgende Diagramm. Es beantwortet anschaulich die Frage: Wie viel Gramm Zelt muss man für jeden Quadratmeter

Produkt	Nutzfläche	Gewicht	Verhältnis
Zpacks Duplex Tent	3,8 m²	550 g	145 g/m²
Tarptent Double Rainbow Li	4,3 m²	696 g	162 g/m²
3F UL Gear Lanshan 2 pro	4,4 m²	915 g	208 g/m²
MSR Carbon Reflex 2	4,0 m²	895 g	224 g/m²
Big Agnes Fly Creek HV UL2	3,3 m²	879 g	266 g/m²
Hilleberg Anaris	4,4 m²	1404 g	319 g/m²
MSR Hubba Hubba NX 2	4,3 m²	1.850 g	430 g/m²
Exped Venus II UL	5,1 m²	2.240 g	439 g/m²
Vaude Lizard Seamless 1-2P	2,3 m²	1.076 g	468 g/m²
Hilleberg Nallo 2	3,9 m²	2.000 g	513 g/m²
Tatonka Arctis 2.235 PU	4,0 m²	3.100 g	775 g/m²

Zeltvergleich: Je kürzer der Balken, umso leichter ist das Zelt

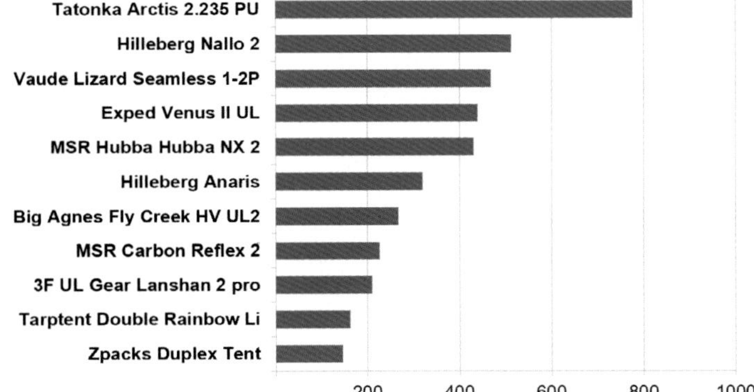

nutzbare Fläche schleppen? Dazu teilen Sie das Gewicht des Zeltes (in g) durch seine Nutzfläche (in m^2). Für ein konventionelles Zelt wie das *Tatonka Arctis 2.235 PU* ergibt sich 3.100 g / 4 m^2 = 775 g/m^2. Das *Exped Venus II UL* dagegen wiegt weniger und bietet mehr Platz: 2.240 g / 5,1 m^2 = 439 g/m^2. Dieser Wert ist ein gutes Maß für die Leichtigkeit der Zeltkonstruktion, unabhängig davon, wie groß die überdachte Fläche ist.

☺ Sogenannte *Footprints* sollen den Zeltboden vor Beschädigungen durch Dornen, spitze Steine und Ähnliches schützen. Wie das funktionieren soll, habe ich nie richtig verstanden, denn diese Zeltunterlagen bestehen aus dünnem Material und bieten deshalb keinen 100 %igen Schutz. Sie verleiten sogar eher dazu, auf „gefährlichem" Boden sein Lager aufzuschlagen.

Einfacher und gewichtssparender ist es, wenn Sie auf eine Zeltunterlage verzichten. Nehmen Sie sich lieber fünf Minuten länger Zeit, um einen ungefährlichen Zeltplatz zu suchen oder säubern Sie vorher den Boden von spitzen Gegenständen. Gewichtsersparnis bei Unterlagenverzicht: bis zu 500 g.

Tarps

Ein Tarp besteht aus einer wasserdichten Plane, die mit zahlreichen Befestigungsösen oder Schlaufen ausgestattet ist. Mithilfe von Trekkingstöcken, Bäumen oder starken Ästen lässt sich damit ein Zeltdach errichten, das erstaunlich gut vor Regen und Wind schützt. Selbst Wintertouren sind in unseren Breiten mit einem Tarp möglich. Die Vorteile dieses Wetterschutzes sind sein geringes Gewicht, das große Platzangebot und die gute Ventilation. Dadurch treten auch Kondensationsprobleme kaum auf.

Verwendet man Trekkingstöcke oder spezielle Tarpstangen, ist ein Tarp ebenso schnell aufgebaut wie ein Zelt. Andernfalls muss man sich auf Befestigungsmöglichkeiten in der Natur verlassen, was etwas mehr Geschick und Zeit erfordert.

Wichtig beim Aufbau: Verankern Sie die dem Wind zugewandte Seite des Tarps dicht am Boden. Je stürmischer das Wetter, umso flacher sollten Sie das Tarp abspannen. Dadurch bietet die Plane dem Wind weniger Angriffsfläche.

Da ein Tarp keine Bodenwanne besitzt, nimmt man eine separate Unterlage, um Isomatte, Schlafsack und die restliche Ausrüstung sauber und trocken zu halten. Für ein Einpersonenlager sollten die Abmessungen etwas breiter und länger sein als die Isomatte selbst. Achten Sie unbedingt darauf, dass die Unterlage nicht unter dem Tarp hervorragt. Sonst wird sie leicht zur unbeabsichtigten Sammelstelle für Regenwasser.

Eine ultraleichte Tarp-Unterlage lässt sich aus einem der folgenden Materialien selbst herstellen:

▷ Eine **Polyethylenfolie** aus dem Baumarkt, eigentlich gedacht zur Fußbodenabdeckung bei Malerarbeiten. Da die Unterlage keine Zugbelastung aushalten muss, reicht hier ein dünnes Material aus. Etwas stabiler ist **Polycro**, das **17 g/m²** wiegt und teilweise als Fensterisolierfolie erhältlich ist.

▷ In vielen Bastelläden erhält man eine weiche, stoffähnliche und Wasser abweisende Plane, die beim Drachenbau und auf Baustellen zum Einsatz kommt: **Tyvek**. Als Rollenware hat sie eine Breite von 152 cm, das Gewicht liegt bei **44 g/m²**. Eine Unterlage mit den Maßen 152 x 200 cm wiegt also nur **120 g** und reicht bequem für zwei Personen.

Es muss nicht immer ein Zelt sein.
Bei gemäßigter Witterung bietet ein Tarp fast genauso viel Schutz.

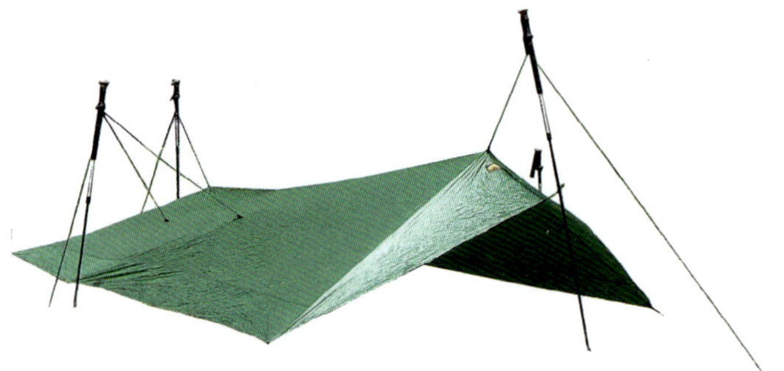

▷ Eine **Rettungsdecke/Überlebensfolie** ist wahrscheinlich die leichteste Tarp-Unterlage der Welt: **40 g** bei einer Größe von 160 x 220 cm. Legen Sie die silberne Seite nach oben, dann wird etwas mehr Strahlungswärme Ihres Körpers reflektiert. Einziger Nachteil: Das ewige Rascheln bei der kleinsten Bewegung und dem leisesten Windhauch ist störend. Andererseits hält es sicher auch wilde Tiere fern, wenn Sie das beruhigt.

Produktbeispiele:

- ▷ *Exped Scout Tarp Extreme*, **976 g**, 3,5 m x 2,9 m. Deutlich schwerer als seine Konkurrenten, dafür aber mit einer Reihe durchdachter Details ausgestattet: Einstecksack für Trekkingstock, Ast, Paddel, Skistock usw., zahlreiche Aufhänge- und Abspannschlaufen sowie eine umlaufende, verstellbare Gummilitze. 💻 www.exped.com
- ▷ *Hilleberg Tarp UL 10*, **688 g**, 3,5 x 2,9 m. Aus Kerlon 1200, das der Hersteller auch bei seinen Leicht-Zelten einsetzt.
  6 Abspannpunkte. Mit fast 10 m² Fläche bietet es üppigen Platz für 2 bis 3 Personen. 💻 hilleberg.com
- ▷ *Mountain Laurel Designs TrailStar*, **428 g**, 6 m² bei 2,1 m Seitenlänge. Pentagon-förmiges, sehr sturmsicheres Silnylon-Tarp mit vielfältigen Aufbaumöglichkeiten. Noch leichter: die Variante aus wasserdichtem Dyneema Composite Fabric (340 g). 💻 mountainlaureldesigns.com
- ▷ *Hyperlite Mountain Gear Echo 2 Catenary Cut Tarp*, **264 g**, 2,6 x 2,6/2 m. Bei diesem Gewicht ist sogar ein Packsack (8 g) dabei! Aus dem revolutionären Dyneema Composite Fabric DCF8, geklebte Nähte, 8 verstärkte Abspannpunkte. 💻 www.hyperlitemountaingear.com

Zeltheringe

So vielfältig wie der Boden, auf dem man zeltet, sind auch die Formen und Materialien bei den Heringen: Stahl, Aluminium, Kunststoff oder Titan, als runder Erdnagel, breites Blech für Schnee oder Sand, mit U-, V-, X-, Y-, oder T-Profil. Auch beim Gewicht sind die Unterschiede enorm: je nach Länge, Material und Form zwischen 10 g und 100 g pro Stück. Beim Umstieg von „normalschweren" Heringen (ca. 50 g pro Stück) auf Ultraleichtmodelle (10 g) bedeutet das bei 12 Stück fast ein halbes Kilogramm weniger Ballast! Es lohnt sich also, sein Heringssortiment kritisch zu prüfen.

Für mittelfesten Untergrund und bei richtiger Verankerung reichen auch die leichtesten Heringe aus, um das Zelt bei Sturm sicher an seinem Platz zu halten. Nehmen Sie deshalb Rundnägel oder Drahtstifte aus Aluminium oder Titan. Ein größerer Stein, auf den eingeschlagenen Hering gelegt, ist eine zusätzliche Sicherung, aber selten notwendig.

Produktbeispiele:

▷ *Lightwave,* **11 g**, 16 cm lang. Extrem stabile Heringe aus 7001-T6 Aluminium für harte bis weiche Böden. Das Design verhindert, dass sich der Hering im Boden dreht. 💻 www.lightwave.uk.com

▷ *Hilleberg Y-Peg UL,* **9,6 g**, 15 cm lang. Alu-Hering mit Y-Querschnitt für feste bis mittel-lockere Böden. Kürzere Variante des 18 cm langen *Hilleberg Y-Peg* (**14 g**). Alternative: *MSR Mini-Groundhog.* 💻 hilleberg.com

▷ *Toaks Titanium Hook Peg,* **6,5 g**, 16,3 cm lang. Ultraleichte Stiftheringe aus 3,2 mm Titandraht, gerundeter Kopf, enorm stabil. Für härtere Böden, ggf. für Abspannpunkte mit weniger Zug. 💻 www.toaksoutdoor.com

▷ *MSR Carbon Core,* **6 g**, 15 cm lang. High-Tech-Zeltnagel aus einem Carbonschaft mit einer Aluminiumbeschichtung. Beim Zeltabbau bitte nicht liegen lassen, sonst wird's teuer. 💻 www.msrgear.com

▷ *SwissPiranha RT90,* **3,2 g**, 9 cm lang. Kunststoff-Zeltnagel für mittelharte und weiche Böden. Flacher Kopf, keine scharfe Kanten, ideal für weniger beanspruchte Abspannpunkte. Als RT120 sowie RT150 auch in 12 und 15 cm Länge erhältlich (5,9 g bzw. 15,1 g). 💻 www.swisspiranha.com

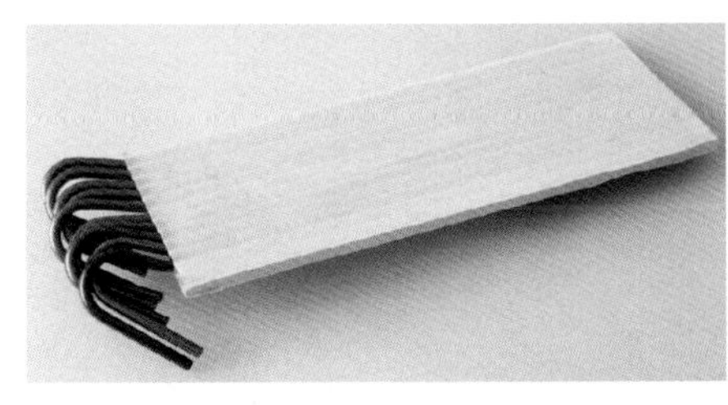

Tipps und Anregungen zum Einsatz von Heringen:

▷ Die **Aufbewahrung** der Heringe sollte man nicht dem Zufall überlassen. Titannägel haben oft sehr spitze Enden, die leicht die Ausrüstung oder den Rucksack beschädigen. Hier hilft entweder ein kleiner Packsack oder ein Stück „Kunststoffwellpappe", in dessen Hohlkammern die dünnen Titanheringe perfekt hineinpassen. Nützlicher Nebeneffekt: Bei geeignetem Zuschnitt sieht man ohne Durchzählen, ob einer fehlt (☞ Abbildung).

▷ Die grauen Titanheringe sind im Gras nur schwer zu erkennen. Nur allzu leicht geht beim Zeltabbau eines der teuren Dinger verloren. Um das zu verhindern, lassen sie sich mit Leuchtfarbe **markieren**.

▷ Titanheringe sind gut als **Grillspieß** verwendbar. Entweder direkt in die Hand genommen (Titan leitet die Wärme schlecht) oder an einem Ast oder Trekkingstock befestigt.

▷ Mit drei Heringen lässt sich ein **Topfständer** (☞ Kocher und Brennstoff, ab Seite 51) bauen, indem man sie um den Brenner herum so in den Boden steckt, dass sie gleich weit herausschauen.

▷ Ein Schneehering in Schalenform ist ideal als **Schaufel** geeignet, um bequem ein Loch für „organische Abfälle" zu graben. In jedem Outdoorladen gibt es spezielle Plastikspaten dafür. Aber haben Sie jemals auch nur einen Trekker gesehen, der so was benutzt?

Für extrem harte Böden sind Ultraleichtheringe nicht geeignet. Man bekommt sie entweder gar nicht erst in den Boden hinein, oder sie verbiegen sich bei zu viel Gewaltanwendung. Ähnlich schwierig ist es bei weichem Untergrund. Drahtstifte geben bei der geringsten Zugbelastung nach. Es gibt zwar spezielle Sand- und Schneeheringe, aber sie kommen für gewichtsbewusste Trekker kaum in Frage.

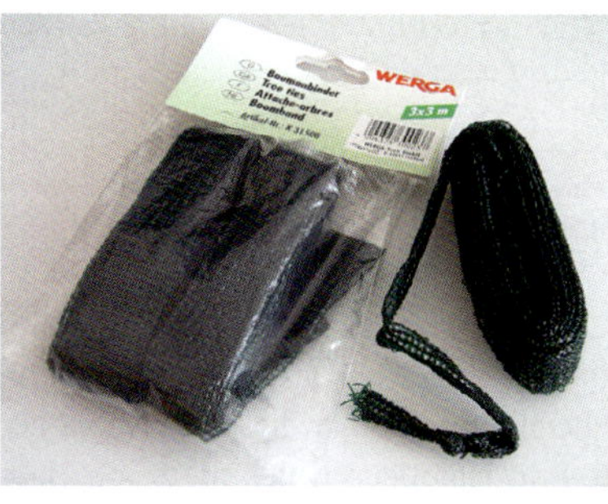

Baumanbinder aus der Gartenabteilung

☺ Deshalb hier ein Tipp für eine unkonventionelle, aber sehr praktische Zeltbefestigung, die sich auf vielen meiner Touren bewährt hat: Besorgen Sie sich im Baumarkt oder der Gärtnerei sogenannte „Baumanbinder", ein wenige cm breites Band aus einem reißfesten Kunststoffnetz. 1 m davon wiegt ca. **3 g.**

Auf hartem und steinigem Untergrund reicht es meist, das Band durch die Abspannschlaufe hindurchzustecken und einige Male um einen größeren Stein zu wickeln. Anstatt die Enden zusammenzuknoten, können Sie auch einen Drahthering nehmen und ihn wie eine Riesennähnadel mehrmals abwechselnd von oben und unten durch die übereinander gelegten Band-Enden stecken.

Wenn Sie auf Sand oder Schnee zelten müssen, funktioniert der Baumanbinder ähnlich. Der einzige Unterschied ist, dass Sie anstatt eines Steins eine mit Sand oder Schnee gefüllte Plastiktüte nehmen. Durch Eingraben der Tüte ist die Verankerung noch sicherer. Ähnlich funktioniert übrigens der *Exped Schnee- und Sand-Zeltanker* (**16 g**), 💻 www.exped.com.

Abspannleinen

Abspannleinen sollten eine auffällige Farbe haben, damit sie sich in der Dunkelheit besser erkennen lassen. Andernfalls stolpert man leicht darüber, selbst wenn man sich hundertmal vorgenommen hat, daran zu denken. Jeder, der bei einem nächtlichen Pinkelausflug schon einmal das halbe Zelt niedergerissen hat, kennt diese Problematik nur zu gut.

Herkömmliche Abspannleinen wiegen etwa **4 g** pro m. Es gibt jedoch auch leichtere Alternativen, wobei hier die Gewichtsersparnis im bescheidenen Grammbereich liegt.

Produktbeispiele:

▷ *Lawson Equipment Reflective Glowire 2 mm,* **3,64 g** pro m, ca. 110 kg Bruchlast. Nie mehr stolpern! Reflektierende Zeltleine in Signalfarben. Durchmesser 2 bis 5 mm. 💻 lawsonequipment.com

▷ *Polyamidschnur 2,5 mm,* **3 g** pro m, ca. 110 kg Bruchlast. Als Meterware in jedem Baumarkt erhältlich. Die preiswerteste Möglichkeit, sein Zelt oder Tarp abzuspannen. Schnüre aus Polypropylen oder Polyethylen sind ebenfalls empfehlenswert, haben aber im Vergleich zu Polyamid eine geringere Bruchlast (ca. 80 kg).

☺ Tipp: Verschmoren Sie die abgeschnittenen Enden kurz mit einem Feuerzeug, sodass sie nicht ausfasern.

▷ *Gemantelte Dyneema Schnur 1,5 mm,* **1,6 g** pro m, ca. 125 kg Bruchlast. Als Meterware erhältliche Kordel mit Dyneema-Kern. Knotbar dank signalfarbenem Polyester-Mantel. Durchmesser nach Abspannaufgabe wählbar. 💻 www.extremtextil.de

▷ *Westline Dyneema 50 Angelschnur 0,5 mm,* **0,1 g** pro m, ca. 65 kg Bruchlast. Aus geflochtenem Dyneema. Nur für echte Ultraleichtfreaks. 💻 www.westline-angelgeraete.de

Neben dem Zeltaufbau gibt es noch zahllose andere Verwendungsmöglichkeiten für Leinen und Schnüre. Allerdings nur, wenn man die vier wichtigsten Trekker-Knoten beherrscht.

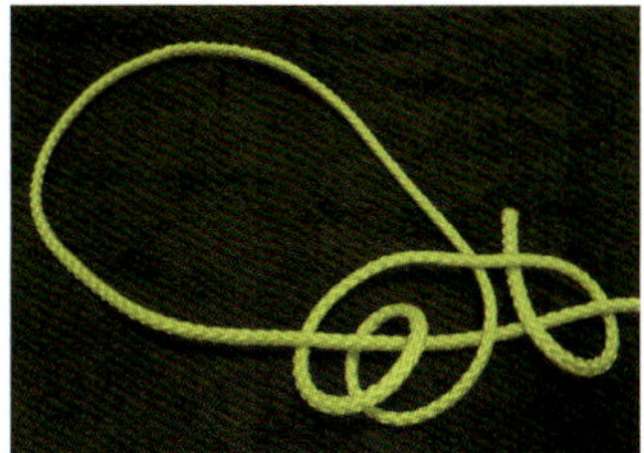

Topsegelschotstek

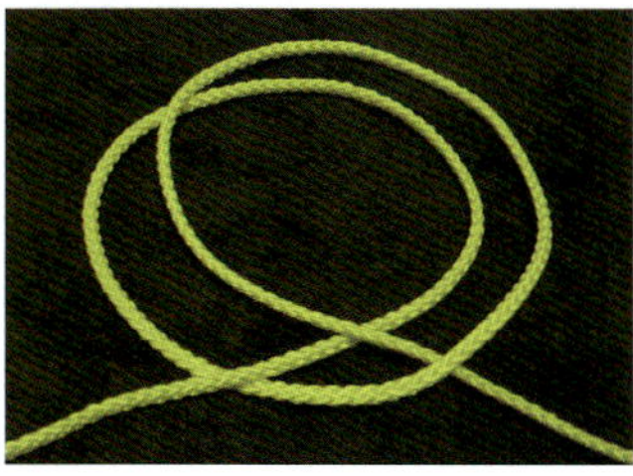

Webleinstek

▷ Eine verstellbare Schlaufe, die sich unter Belastung festzieht: der **Topsegelschotstek**. Macht Leinenspanner aus Metall oder Kunststoff überflüssig.

▷ Zwei lose Enden verbinden: der **Schotstek**. Eine sogenannte Bucht (U-förmige Schleife) legen, das andere Ende von hinten durch, um die beiden Stränge herum, dann quer zwischen Bucht und sich selbst hindurch. Der Schotstek lässt sich auch zum Abspannen von Tarps ohne Ösen verwenden. Den Eckzipfel etwas verdrillen und daraus die Bucht formen.

☺ Bei Silnylon empfiehlt es sich, einen runden Stein oder Ähnliches in den Eckzipfel einzuwickeln und mit einem Topsegelschotstek zu spannen.

▷ Eine feststehende Schlaufe am Seilende: der **Palstek**. Ein Auge (O-förmige Schleife) legen. Das freie Ende von hinten durch das Auge, um das feste Ende herum und wieder in das Auge rein. Merksatz: Die Schlange kommt aus dem See, geht um den Baum und verschwindet wieder im See.

▷ Die Mitte eines Seils an einem Stock befestigen: der **Webleinstek**. In der Hand zwei Augen legen, wobei das zweite Auge nicht vor, sondern hinter das erste gelegt wird. Dann über das Stockende stülpen und festziehen.

📖 **Knoten** von M. Dastig, D. Großelohmann, OutdoorHandbuch *Basiswissen für draußen*, Conrad Stein Verlag, Band 3, ISBN 978-3-86686-377-4, € 8,90

Hier einige Anregungen, was man mit einem Stück Schnur machen kann:

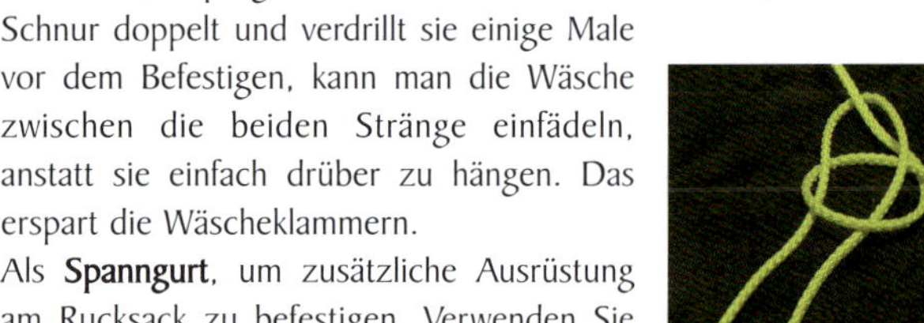

- Als **Wäscheleine**. Im Camp zwischen zwei Bäume gespannt (Palstek auf der einen, Topsegelschotstek auf der anderen Seite). Nimmt man die Schnur doppelt und verdrillt sie einige Male vor dem Befestigen, kann man die Wäsche zwischen die beiden Stränge einfädeln, anstatt sie einfach drüber zu hängen. Das erspart die Wäscheklammern.

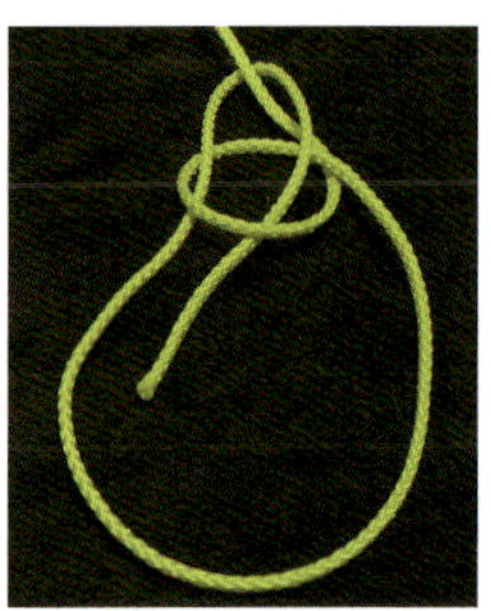

Palstek

- Als **Spanngurt**, um zusätzliche Ausrüstung am Rucksack zu befestigen. Verwenden Sie einen Topsegelschotstek zum Festziehen.
- Für **Reparaturen**. Gürtelersatz, zusätzliche Abspannpunkte am Zelt oder Ersatzschnürsenkel (hier ist kein Seglerknoten notwendig).
- Zum **Wasserschöpfen**. Tiefbrunnen sind auf Wüstentouren oft die einzige Wasserquelle. PET-Flaschen oder Wassersäcke sind allerdings so leicht, dass man die Öffnung nicht ohne Weiteres unter die Wasseroberfläche bekommt, Runterdrücken geht ja nicht. Ein Stein, außen an der Flasche befestigt, löst das Problem.
- Als **Beutelclip**, um Provianttüten damit zu verschließen. Nehmen Sie ein kurzes Stück Schnur und knoten Sie mit einem Topsegelschotstek daraus eine verstellbare Schlaufe. Leicht zu öffnen, zuverlässig beim Verschließen (☞ Seite 85 Abbildung Proviant neu verpackt).
- Als **Daisy Chain**. Eine Daisy Chain ist eine Kette von Schlaufen, an die sich mithilfe von kleinen Karabinern Ausrüstungsgegenstände befestigen lassen. Viele konventionelle Rucksäcke haben dazu ein Nylonband auf der Vorderseite aufgenäht. Mithilfe von Palsteks lässt sich eine Daisy Chain selbst knüpfen.
- Als **Sicherungsleine** für einen Proviantsack, um nachts den Inhalt vor Bären und anderen Tieren zu schützen. Der Sack wird mithilfe der Leine an einem Ast hochgezogen.

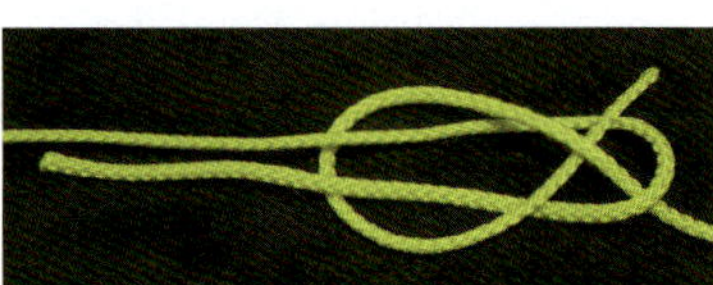

Schotstek

Schlafsack und Isomatte

Der Schlafsack gehört neben Rucksack und Zelt zu den schwersten Ausrüstungsgegenständen, deshalb lässt sich hier viel Gewicht sparen. Das gelingt jedoch nur, wenn man weiß, wie das „System Schlafsack" funktioniert.

Der menschliche Körper erzeugt laufend Wärme und gibt sie an die Umgebung ab. Im Schlaf verläuft diese Wärmeproduktion gedrosselt, gleichzeitig sinkt nachts die Außentemperatur. Beide Einflüsse tragen dazu bei, dass man ohne zusätzliche Isolation auskühlen würde. Die Wärme verlässt den Körper dabei auf drei unterschiedlichen Wegen (☞ Abbildung):

▷ Durch **Konvektion**. Damit bezeichnet man den Wärmetransport über die Luft. Luft ist eigentlich ein hervorragender Isolator, aber nur im ruhenden Zustand. Doch der leiseste Windhauch führt schon zu einem spürbaren Kältegefühl auf der Haut, dem sogenannten Windchill-Effekt. Ein Schlafsack umhüllt den Körper mit einem ruhenden Luftpolster, indem er die Luft zwischen den Daunenfedern oder der Kunstfaserfüllung hält.

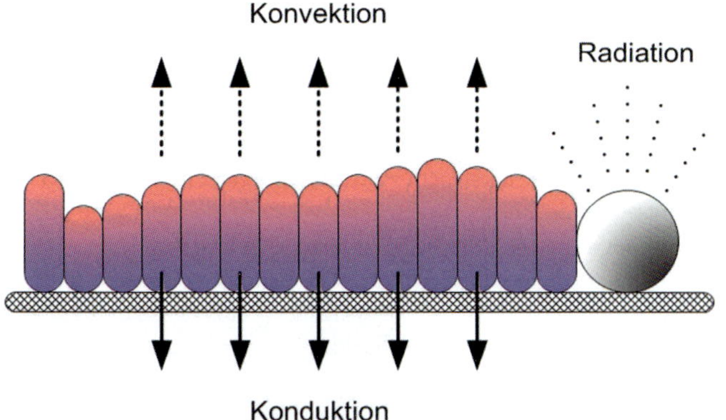

Wärmeverluste im Schlafsack

▷ Über **Konduktion**, also durch direkten Kontakt mit der Unterlage. Würde man sich im Schlafsack direkt auf den Boden legen, wäre das ziemlich nutzlos. Wo der Körper aufliegt, drückt man das isolierende Daunenpolster platt und die Wärme kann dann ungehindert in den Boden abfließen. Eine Isomatte verhindert diesen Wärmeverlust.

▷ Durch **Radiation**. Jeder warme Körper sendet Infrarotlicht aus („Wärmestrahlung"). Im Schlafsack ist der Kopf am wenigsten geschützt, deshalb ist die Abstrahlung dort am größten.

Die Wärmeverluste über Konvektion, Konduktion und Radiation sind vergleichbar groß. Deshalb muss ein ultraleichtes Schlafsacksystem alle drei Vorgänge wirkungsvoll eindämmen.

Schlafsackfüllung. Gänsedaunen sind nach wie vor unschlagbar. Kein anderes Material isoliert so gut und ist so leicht, robust und haltbar. Achten Sie beim Kauf auf die Bauschkraft, die ein Maß für die Qualität und Leichtigkeit der Füllung ist. Gute (und teure) Daunenfüllungen erreichen eine Bauschkraft von mindestens 800 cuin (*cubic inches*) und mehr. Ebenfalls interessant: Nanotechnologien wie *Downtek* oder *Hydrophobic Down* bieten inzwischen auch bei Daunen einen besseren Schutz gegen Feuchtigkeit und Nässe.

Aber: Auch Kunstfaserfüllungen holen auf. Sie sind vor allem bei Touren in regenreichen Gebieten empfehlenswert, da ihr Isolationsvermögen im nassen Zustand deutlich weniger abnimmt. *Climashield Apex, G-Loft* und *Primaloft* oder Daunen-Synthetik-Mischungen wie *Polardown* sind aktuell die Materialien mit dem besten Wärme-Gewichts-Verhältnis.

Außenmaterial und Reißverschluss. Die Außenhülle des Schlafsacks macht mehr als die Hälfte seines Gesamtgewichts aus. Baumwolle oder Mischgewebe sind hier fehl am Platz. Die leichtesten Schlafsäcke werden aus extrem dünnem Ripstop-Nylon hergestellt, etwa *Pertex Quantum*, das rund **35 g** pro m^2 wiegt.

Der Reißverschluss ist bei ultraleichten Schlafsäcken oft dünner, kürzer oder fehlt sogar ganz. Das spart Gewicht, ist jedoch nicht ganz so komfortabel beim Ein- und Ausstieg. Aber was sind schon einige Sekunden zusätzliche Gymnastik gegen einen ganzen Tag mit weniger Last auf dem Rücken?

Schlafsackform. Hier unterscheidet man die Decken- und Mumienform. Mumienschlafsäcke erfordern weniger Material, sind deshalb etwa kompakter und leichter. Außerdem enthält der Innenraum weniger Luft, die Sie aufheizen müssen. Je enger der Schnitt, umso besser die Wärmeleistung. Noch leichter sind Quilts, die auf eine Kapuze und einen Teil der Isolation am Rücken verzichten. Wo man aufliegt, macht eine platt gedrückte und damit nutzlose Schlafsackisolation ohnehin keinen Sinn. Und eine Mütze ersetzt bei Bedarf die Kapuze. Zudem lassen sich Quilts meist auch als einfache Decke nutzen, was den Einsatzbereich und Komfort erhöht.

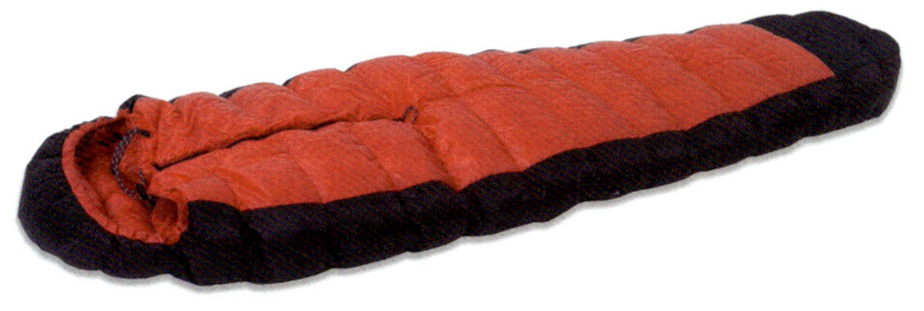

Leichter Schlafsack mit kurzem Reißverschluss

Wichtig: Machen Sie vor dem Kauf ein ausgiebiges Probeliegen. Was nützt es, wenn der Schlafsack gut wärmt, Sie sich aber wie in einem Sarkophag vorkommen und keine angenehme Schlafposition finden.

Schlafsacktemperatur. Seit 2005 macht die europäische Schlafsacknorm EN 13537 die Temperaturangaben der Schlafsackhersteller vergleichbar. Das heißt jedoch nicht, dass diese Temperaturen nun realistischer sind, denn wie warm sich jemand in einem Schlafsack fühlt, hängt von vielen individuellen Faktoren ab: der Passform, der Schlafposition, dem Schlafstil und vor allem dem persönlichen Zustand und Kälteempfinden. Zudem verzichten kleinere Manufakturen und US-Hersteller oft auf genormte Temperaturangaben.

Von den vier verschiedenen Temperaturen, die gemäß EN 13537 für einen Schlafsack angegeben werden, sind nur die beiden mittleren wichtig:

Für Männer ist das die **Grenztemperatur**. Sie gibt an, bei welcher Temperatur ein durchschnittlicher Mann gerade noch nicht friert.

Für Frauen ist dagegen die **Komforttemperatur** relevant. Dieser Wert liegt rund 6 °C höher als die Grenztemperatur, denn Frauen frieren gewöhnlich schneller als Männer.

Produktbeispiele:

▷ *Exped Waterbloc Pro -5°*, **890 g** (Größe M), Grenztemperatur -8 °C (EN 13537), Daune 850+ cuin. Geschweißter, wasserabweisender Mumienschlafsack für den Einsatz in feuchten Gebieten. 💻 www.exped.com

▷ *Western Mountaineering AlpinLite*, **880 g** (Größe M), Grenztemperatur -7 °C, Daune 850+ cuin. Mumienschlafsack mit Kapuze, Wärmekragen und sehr leichtgängigem Reißverschluss. Enger und gleich warm: *Western Mountaineering UltraLite* (820 g). 💻 www.westernmountaineering.com

▷ *GramXpert eLite*, **847 g** (Größe M), Grenztemperatur -6 °C, Apex 267. Kunstfaser-Quilt ohne Schnickschnack, der in verschiedenen Abstufungen mit Grenztemperaturen zwischen 11 und -6 °C erhältlich ist.
💻 www.gramxpert.eu

▷ *Feathered Friends Flicker UL Quilt*, **715 g** (Größe M), Grenztemperatur -6 °C, Daune 950+ cuin. Quilt mit durchgehendem Reißverschluss und dadurch nutzbar wie ein Schlafsack. Ohne Kapuze.
💻 featheredfriends.com

▷ *Hyberg Loner Lite 350*, **590 g** (Größe L), Grenztemperatur -4 °C, Daune 850 cuin (DWR-imprägniert und wasserabweisend). Auch dieser Quilt ist mehr Decke als Schlafsack. Ohne Kapuze, teilweise offene Unterseite, mit Gummibändern an der Isomatte fixiert. Erhältlich für Grenztemperaturen von 0 bis -7 °C. 💻 hyberg.de

▷ *Rab Mythic Ultra 360*, **606 g** (Größe M), Grenztemperatur -8 °C (EN 13537), Daune 900 cuin. Mumienschlafsack mit hydrophoben Daunen und einer Titan-Schicht zur Reflektion der Körperwärme. 💻 rab.equipment

▷ *Yeti Fever Ultra*, **245 g** (Größe M), Grenztemperatur 9 °C (EN 13537), Daune 900+ cuin. Mumienschlafsack mit sehr schlanker Passform. Ideal für Sommertouren und als Back-up-Lösung beim Pilgern. Geringes Packmaß mit rund 1,7 l Volumen.
💻 www.westernmountaineering.com

Weitere ultraleichte Schlafsäcke und Quilts finden Sie auf den jeweils genannten Websites sowie bei folgenden Herstellern und Manufakturen:
Big Agnes (💻 www.bigagnes.com), Cumulus (💻 cumulus.equipment),
Lightwave (💻 www.lightwave.uk.com), Liteway (💻 liteway.equipment),
Marmot (💻 www.marmot.de), Mont-Bell (💻 www.montbell.com),
Nemo Equipment (💻 www.nemoequipment.com), Nordisk (💻 nordisk.eu),
OMM (💻 theomm.de), Robens (💻 www.robens.de), Sea to Summit
(💻 www.seatosummit.de), Sierra Designs (💻 sierradesigns.com),
Sir Joseph (💻 sirjoseph.de), Therm-A-Rest (💻 www.thermarest.com).

☺ Bei teuren und sehr hochwertigen Daunen-Schlafsäcken, die in die Jahre gekommen sind und nicht mehr die gewohnte Wärmeleistung haben oder gereinigt werden sollten, lohnt sich eine Aufarbeitung. Hier leistet das Outdoor Service Team in Berlin gute Arbeit: Die Daunen werden entnommen, getrennt von der Hülle des Schlafsacks gewaschen und bei Defekten durch Daunen gleicher Qualität ersetzt. 💻 www.outdoor-service.com

Schlafsackvergleich. Der leichteste Schlafsack ist derjenige mit dem besten Verhältnis von Temperaturleistung zu Gewicht. Um die aufgelisteten Modelle zu vergleichen, genügt eine einfache Rechnung:

Ganz ohne Schlafsack – also mit 0 g Schlafsackgewicht – liegt die Grenztemperatur bei etwa 30 °C. Das kennt man aus warmen Sommernächten, wo selbst eine dünne Decke noch zu warm ist. Jeder Schlafsack hat eine niedrigere Grenztemperatur, aber ein höheres Gewicht, denn er wiegt ja mehr als 0 g. Das Verhältnis von Gewicht zur Verringerung der Grenztemperatur ist daher ein gutes Maß für seine Leichtigkeit, und zwar unabhängig vom Temperaturbereich.

Ein **Beispiel:** Der *Rab Mythic Ultra 360* verringert die Grenztemperatur um 38 °C (von 30 °C auf -8 °C), sein Gewicht beträgt 606 g. Somit ergibt sich ein Verhältnis von 606/38 = 16 g/°C. Anschaulich gesprochen: Man benötigt 16 g Schlafsack für jedes Grad Temperaturleistung.

Ein klassisches Modell wie der *Deuter Orbit -5°* dagegen kommt auf ein Verhältnis von 1.620 g zu 35 °C (Grenztemperatur: -5 °C), das ergibt 46 g/°C. Hier ist fast das dreifache Gewicht erforderlich, um die Temperaturleistung um ein Grad zu verbessern.

Produkt	Grenztemperatur	Gewicht	Verhältnis
Yeti Fever Ultra	9 °C	245 g	12 g/°C
Rab Mythic Ultra 360	-8 °C	606 g	16 g/°C
Hyberg Loner Lite 350	-4 °C	590 g	17 g/°C
Feathered Friends Flicker UL Quilt	-6 °C	715 g	20 g/°C
Exped Waterbloc Pro -5°	-8 °C	890 g	23 g/°C
GramXpert eLite	-6 °C	847 g	24 g/°C
Western Mountaineering AlpinLite	-7 °C	880 g	24 g/°C
Deuter Orbit -5°	-5 °C	1.620 g	46 g/°C

Schlafsackvergleich:
Je kürzer der Balken, umso mehr Wärme bekommt man fürs Gewicht

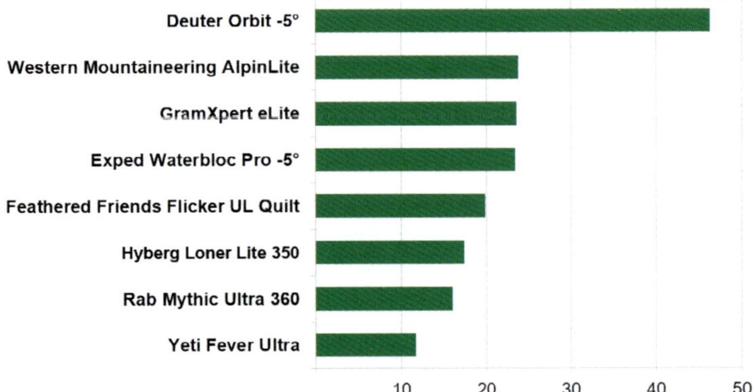

Wärmeleistung steigern

Mit den folgenden Anregungen holen Sie noch mehr aus Ihrem Schlafsack heraus und erweitern seinen Anwendungsbereich.

Zwei Schlafsäcke ineinander. Kombinieren Sie einen Schlafsack für Dreijahreszeiten mit einem leichten Sommermodell. Damit sind Sie auch für Wintertouren gut gerüstet. Achten Sie aber darauf, dass sich die Reißverschlüsse der beiden Schlafsäcke auf der gleichen Seite befinden, sonst droht beim Ein- und Ausstieg ein Geduldsspiel. Die Alternative: Verwenden Sie einen Schlafsackliner.

Produktbeispiel:

▷ *Sea to Summit Thermolite Reactor Standard*, **238 g**. Kunstfaserliner aus der Thermolite-Hohlkernfaser. Erhöht die Wärmeleistung des Schlafsacks um bis zu 8 °C. Es gibt auch eine Extreme-Variante mit 15 °C zusätzlicher Wärmeleistung und einem Gewicht von 360 g. 💻 www.seatosummit.de

Kleidung anbehalten. Tagsüber ist der Schlafsack nutzlos, nachts die Kleidung. Was für eine Verschwendung! Behalten Sie doch einfach Ihre Kleidung an. Das erhöht die Isolation und hat weitere Vorzüge: abends kein umständliches Ausziehen, nachts keine bibbernden Pinkelausflüge in dünner Unterwäsche und morgens keine halbgefrorenen Hosen.

Konsequente Ultraleicht-Trekker wenden übrigens eine Technik an, die auch unter Alpinisten weit verbreitet ist. Sie nehmen einen halben Schlafsack („Halfbag", „Elephant's Foot") für die Beine und die Daunenjacke für den Oberkörper.

Produktbeispiel:

▷ *Nunatak Akula Half Bag (Elephants Foot)*, **360 g** (Größe M), 116 cm lang. Zusammen mit der Daunenjacke *Torre Down Parka* liegt die Grenztemperatur bei -7 °C. 💻 www.nunatakusa.com

Kopf und Hals isolieren. Ein erheblicher Teil der Wärme geht über den Kopf verloren. Setzen Sie zusätzlich eine Mütze auf und schließen Sie sorgfältig die Schlafsackkapuze. Auch der Hals ist empfindlich. Verwenden Sie ein Schlauchtuch, hoch schließende Unterwäsche oder beides (☞ Bekleidung). Bei Schlafsäcken ohne Kapuze hilft in eiskalten Nächten ein Daunen-Balaclava.

Den Kreislauf in Schwung bringen. Steigen Sie möglichst nicht frierend in den Schlafsack. Sonst liegen Sie stundenlang zitternd da und wundern sich, warum Ihnen nicht warm wird. Joggen Sie vorher eine Runde ums Zelt oder machen Sie ein paar Kniebeugen. Liegestützen sind praktisch, wenn Sie schon im Schlafsack liegen oder das Wetter schlecht ist.

Verdauungsheizung nutzen. Legen Sie sich direkt nach einer heißen, fetthaltigen und üppigen Abendmahlzeit schlafen. Was sich anhört, als würde es einem fürchterliche Nächte bereiten, ist auf Trekkingtouren das beste Mittel für einen warmen und erholsamen Schlaf.

Wärmflasche. Nehmen Sie eine Wärmflasche mit ins Outdoor-Bett. Wasser erwärmen (nicht kochen!), zurück damit in die Trinkflasche und dann in die Fußbox des Schlafsacks. Achten Sie auf Ihren Brennstoffvorrat, wenn Sie diese Methode öfters anwenden.

Isomatte

Viel hilft viel, also sind dicke Isomatten wärmer und komfortabler. Nein! Ob eine Isomatte gut isoliert, hängt vom Material und dessen Dicke, der Oberfläche sowie vom Aufbau und der Füllung etwaiger Luftkammern ab. Mit der richtigen Wahl des Schlafplatzes liegen Sie dann auch meist recht komfortabel.

Um die leichteste Matte zu finden, empfehle ich Ihnen, zunächst auf den Temperaturbereich zu schauen, den Sie abdecken wollen. So verhindern Sie, dass Sie mit einem viel zu warmen und schweren Modell durch die Gegend laufen.

Temperaturbereich. Bei Isomatten geben die Hersteller meist einen sogenannten R-Wert an. Dieser R-Wert ist ein Maß für den Wärmewiderstand und wird seit 2020 nach dem ASTM-Standard F3340-18 ermittelt. Rückschlüsse auf die Grenztemperatur der Isomatte sind damit relativ einfach: Ein R-Wert von 2 entspricht 2 °C und reicht (mit dem passendem Schlafsack!) bei Touren ohne Bodenfrost von Frühjahr bis Herbst. Je höher der R-Wert, umso besser die Isolation. R=4 entspricht -11 °C, R=6 -24 °C und R=8 -38 °C. Wer schnell friert, wählt eine Matte mit einem um 0,5 bis 1 höheren R-Wert.

Mattentypen. Die „sich selbst aufblasenden" Matten sind sehr bequem und verwandeln nahezu jeden Untergrund in ein Himmelbett. Die leichtesten Modelle sind bezogen auf Ihre Wärmeleistung nicht schwerer als solche aus Schaumstoff. Allerdings sind sie weniger robust und man muss aufpassen, dass man keinen Platten bekommt. Das gilt insbesondere für moderne High-Tech-Luftmatratzen, die noch leichter sind, aber aufgepumpt werden.

Die besten festen Isomatten bestehen aus Evazote-Schaum. Ein Material, das kein Wasser aufnimmt, sich nicht durchliegt und sehr langlebig ist. Es gibt sie in verschiedenen Stärken und Größen. Feste Matten sind ausfallsicher, lassen sich individuell zuschneiden und für viele andere Zwecke verwenden (☞ Seite 8).

Produktbeispiele:

- ▷ *Exped DownMat 7 M*, **880 g**, R=5,8, 183 x 52 cm, 7 cm dick. Für den harten Wintereinsatz. Die Hülle ist mit Daunen gefüllt. Damit die Atemfeuchtigkeit die Füllung nicht verklumpt, ist eine Luftpumpe eingebaut. Packmaß 23 x 15 cm. Das Modell *Downmat 9 M* hält bis -38 °C warm. Beide Matten gibt es in mehreren Größen.
  www.exped.com
- ▷ *Exped AirMat HL M*, **310 g**, R=1,3, 183 x 52/35 cm, 7 cm dick. Leicht-Luftmatratze: nichts für kalte Nächte, aber dafür traumhaftes Schlafen. Packmaß 20 x 13 cm, also sehr klein.
- ▷ *Therm-A-Rest NeoAir Xlite Regular*, **353 g**, R=4,5, 51 x 183 cm, 6,4 cm dick. Raschelnder Klassiker der High-Tech-Luftmatratzen. In vier Größen erhältlich. Noch leichter, aber ohne zusätzlichen Schutz kaum nutzbar: *NeoAir UberLite* (262 g, R=2,3).
  www.thermarest.com
- ▷ *Therm-A-Rest Prolite Short*, **310 g**, R=2,4, 51 x 119 cm, 2,5 cm dick. Die Prolite-Serie gehört zu den leichtesten sich selbst aufblasenden Isomatten. Die Short-Version polstert Hüfte und Oberkörper. In drei Größen lieferbar.
- ▷ *Therm-A-Rest Z Lite SOL Regular*, **435 g**, R=2, 51 x 183 cm, 2 cm dick. Die wabenförmige Oberfläche dieser Schaumstoffmatte und eine einseitige Aluminiumbeschichtung zur Wärmereflektion bieten erhöhten Komfort und bessere Isolation. Sie lässt sich ziehharmonikaähnlich zusammenfalten und nimmt weniger Platz in Anspruch als gerollte Matten. Lässt sich gefaltet als Rückenpolsterung in UL-Rucksäcken ohne Polsterung verwenden. Es gibt auch eine kürzere Variante.

- ▷ *Exped FlexMat Plus M*, **420 g**, R=2,2, 183 x 52 cm, 3,8 cm dick. Ähnliche, aber stärker ausgeprägte Eierkarton-Struktur wie bei der *Therm-A-Rest Z Lite SOL*. Im Vergleich dicker und komfortabler. Üppiges Packmaß von 52 x 17 x 15 cm.
- ▷ *Frilufts Evazote Isomatte*, **520 g**, R=2,1, 58 x 190 cm, 0,9 cm dick. Elastische Matte aus geschlossenzelligem Schaum. Auch mit 1,4 cm Stärke erhältlich (720 g, R=3,7). www.globetrotter.de
- ▷ *Trangoworld Light Plus*, **215 g**, R=2,1, 55 x 180 cm, 1,2 cm dick. Leichte Schaumstoffmatte mit Rillen- und Wabenstruktur für Touren von Frühjahr bis Herbst. www.trangoworld.com
- ▷ *Klymit Inertia X Lite*, **175 g**, 46 x 107 cm, 3,8 cm dick. Minimalismus auf die Spitze getrieben. Die aufblasbare X-Lite polstert den Körper nur da, wo es nötig ist. Lieferung mit Pumpe und Packsack. Nur sinnvoll in Verbindung mit einer festen Isomatte. www.klymit.eu

Ihren Liegekomfort bestimmt nicht allein die Matte, sondern auch der Untergrund, auf dem sie liegt. Mit einer dünnen, leichten Matte liegen Sie auf weichem Boden genauso bequem wie mit einem schweren Komfortmodell auf hartem Stein. Selbst eine dünne Laub- oder Nadelschicht verbessert den Komfort enorm. Vermeiden Sie es möglichst, auf Schnee zu übernachten. In bewaldeten Gebieten findet sich meist ein geschützter Platz unter Bäumen mit wärmerem Boden.

Verwenden Sie eine kurze Matte (etwa 120 cm lang), das spart ein Drittel Gewicht und man liegt ähnlich komfortabel wie auf einem körperlangen Modell. Das Liegegefühl ist kaum kälter, denn die Beine benötigen weniger Isolation. Gegebenenfalls legen Sie unbenutzte Kleidung oder den leeren Rucksack unter. Nutzen Sie zwei Isomatten: eine dünne *Exped Doublemat* längs, die anderen Schaumstoffmatten quer. Zwischen die beiden Lagen kann man Kleidung, Gras, Laub, den Rucksack oder anderes Material platzieren und damit Komfort und Isolationsvermögen weiter erhöhen.

Verwenden Sie zwei leichte Matten anstatt einer schweren, beispielsweise eine normallange Evazote-Matte mit einer kurzen aufblasbaren Matte darüber. Das erhöht die Isolation und kombiniert die Vorteile: Die untere Schicht schützt vor dem Durchstechen, die obere sorgt für den Schlafkomfort.

Trennen Sie sich von überflüssigen Mattenbereichen. Durch Zuschneiden passen Sie eine Evazote-Matte den Konturen Ihres Körpers an. Kürzen Sie die Matte zunächst auf die gewünschte Länge und schneiden Sie danach die überflüssigen Bereiche ab. Die folgende Abbildung zeigt ein Beispiel, Gewichtseinsparung: bis zu 50 %.

Anatomisches Schnittmuster für Isoliermatten

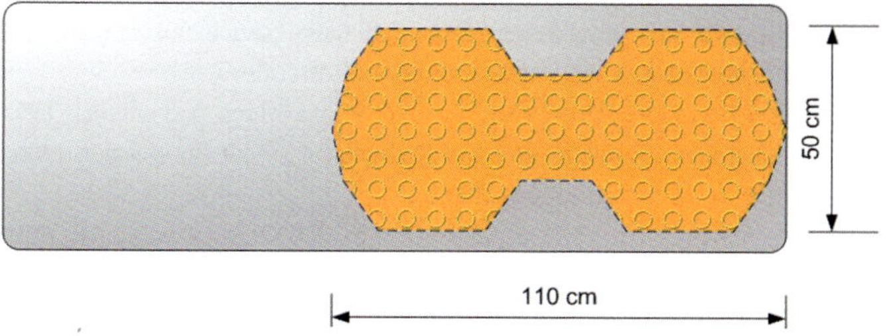

Mit Isomatten kann man übrigens viel mehr machen, als einfach nur darauf zu schlafen. Hier einige Anregungen:

▷ Als **Rucksackrahmen** für Rucksäcke ohne Innen- oder Außengestell. Viele Ultraleichtrucksäcke besitzen keine eigene Stabilisierung. Rollen Sie eine Isomatte zu einer weiten Röhre und schieben Sie diese in den leeren Rucksack. Das stabilisiert die Form und verhindert ein Verrutschen des Inhalts. Zusammenfaltbare Matten lassen sich als komfortables Rückenpolster verwenden.

▷ Als **Sitzkissen** für unterwegs. Bei kurzen Pausen setze ich mich meist direkt auf die zusammengerollte Matte.

▷ Zum **Kühlen** von Getränken: Selbst auf Tageswanderungen nehme ich manchmal eine leichte Isomatte mit und rolle die Wasserflasche oder den Wassersack darin ein. Das hält den Inhalt einige Stunden kühl.

▷ Eine Isomatte lässt sich im Notfall zur **Erstversorgung von Knochenbrüchen** verwenden. Vorsichtig unter das betroffene Gliedmaß gelegt können Sie die Verletzung so lange ruhig stellen, bis Hilfe kommt.

▷ Falls die Kleidung nicht ausreicht, steigert eine Isomatte die **Wärmeisolierung am Körper**. Die Matte einfach um den Oberkörper wickeln und darüber die Jacke anziehen.

▷ Als zusätzlicher **Windschutz** für den Kocher. Rollen Sie Ihre Schaumstoffmatte zu einer großen Röhre. Verankern Sie diese mit einigen Heringen am Boden, damit sie nicht wegweht. Stellen Sie dann in die Mitte den Kocher hinein. Ein paar Steine von innen an die Matte gelegt verhindern einen zu engen Kontakt mit der Feuerquelle. Vorsicht: Der Abstand zwischen Kocher und Matte sollte mindestens 20 Zentimeter betragen.

▷ Aus einer dünnen Schaumstoffmatte kann man im Notfall **Isoliersohlen** ausschneiden oder **Blasenpflaster** herstellen.

▷ An sonnigen Tagen lässt sich mit einer dunklen Matte sogar **Schnee schmelzen**. Einfach dünn auf der Matte verteilen und so in die Sonne legen, dass das Schmelzwasser direkt in die Flasche läuft.

Brennstoff, Kocher und Zubehör

Haben Sie schon einmal überlegt, draußen ganz auf das Kochen zu verzichten? Immerhin könnte man so einiges an Gewicht im Rucksack sparen. Dann sollten Sie einfach mal eine Tour unternehmen, wo Sie Kocher und Brennstoff unangetastet lassen. Ein oder zwei Tage nur kalte Nahrung zu sich nehmen, keinen heißen Kaffee am Morgen, keine warme Mahlzeit am Abend – das ist eine Erfahrung, nach der man besser versteht, welche Bedeutung die „Zähmung des Feuers" für unsere Vorfahren hatte, die ja gewissermaßen ihr ganzes Leben auf Trekkingtour waren. Aber nicht nur der Komfort ist ein Grund, die Outdoorküche einzupacken. In Situationen, wo man erschöpft, durchnässt und durchgefroren ist, bewahrt Sie eine warme Mahlzeit vor Unterkühlung oder Schlimmerem.

Um auch hier Gewicht zu sparen, reicht es nicht aus, einfach den „leichtesten Kocher" auszuwählen. Viele andere Faktoren spielen im Küchenbereich eine Rolle: der Heizwert des Brennstoffs, seine Verfügbarkeit unterwegs, die Art der Nahrung, die Wetterverhältnisse und nicht zuletzt die Tourenlänge.

Bevor Sie das für Ihre Touren optimale Kochsystem zusammenstellen, müssen Sie deshalb die Eigenschaften der verschiedenen Brennstoffe und der dazu passenden Brenner kennenlernen.

Benzin

- ▷ Benzin ist mit ca. **11 kcal/g** der Brennstoff mit dem höchsten Energiegehalt. Hier bekommt man die meiste Wärme pro Gewichtseinheit. Schon rund **12 g** reichen in der Praxis aus, um 1 l Wasser zum Kochen zu bringen. Besonders auf langen Touren oder größeren Gruppen macht sich dieser Spareffekt bemerkbar.
- ▷ Benzinkocher sind technisch aufwendig und schwer. Das Benzin muss in einem geschlossenen System unter Überdruck vorgeheizt und verdampft werden. Dazu dient ein Tank, in dem durch Pumpen der Überdruck aufgebaut wird. Die komplizierte Technik erfordert regelmäßige Wartung und Pflege. Von einigen Herstellern gibt es umfangreiche Reparatursets, die zusätzlich das Gewicht erhöhen.
- ▷ Benzin ist überall auf der Welt leicht erhältlich. Zwar schwankt die Qualität von Tankstellensprit sehr und damit auch die Eignung für die manchmal empfindlichen Brennerdüsen, aber selbst in entlegenen Gebieten findet sich bei jeder Ansiedlung meist auch eine Tankstelle.
- ▷ Mit Benzinkochern lässt sich die Hitze gut regulieren. Daher ist auch anspruchsvolles Kochen oder Köcheln möglich. Für Ultraleichtnahrung braucht man das aber nicht, denn hier versucht man, die Kochzeiten kurz zu halten und Brennstoff zu sparen.
- ▷ Benzin ist gesundheitsschädlich beim Einatmen und im Kontakt mit der Haut. Bei falscher Handhabung oder einem technischen Defekt besteht die Gefahr von Verpuffungen, Stichflammen oder sogar Explosionen. Läuft das Benzin im Rucksack aus, kann einem das die ganze Ausrüstung ruinieren.

Produktbeispiele:

- ▷ *MSR Whisperlite International*, **320 g** mit Pumpe/ohne Brennstoffflasche. Verbrennt Kerosin, Rein- und Autobenzin. 💻 www.msrgear.com
- ▷ *Soto Muka Stove OD-1NP*, **324 g** mit Pumpe/ohne Brennstoffflasche. Muss nicht vorgeheizt werden! 💻 sotooutdoors.com

Fazit: Benzin ist nur auf sehr langen Touren oder für Wandergruppen eine gute Wahl, wo man viel Brennstoff mit sich führen muss. In diesen Fällen kann es eine Alternative zu Gas sein.

Gas

- ▷ Gas ist ein Gemisch aus Butan, Isopropan und Propan. Es hat mit **10 kcal/g** einen fast ebenso hohen Heizwert wie Benzin, verbrennt sauber, geruchlos und rußt nicht. Etwa **15 g** reichen aus, um 1 l Wasser zum Kochen zu bringen.
- ▷ Die Gaskocher selbst sind sehr leicht, wobei man aber bedenken muss, dass eine leere Gaskartusche schlimmstenfalls fast ebenso viel wiegt wie ihr Inhalt. Das macht den Gewichtsvorteil des hohen Heizwertes teilweise wieder zunichte.
- ▷ Kartuschen sind in manchen Regionen nur schwer oder überhaupt nicht erhältlich. Darüber hinaus gibt es bei Schraubkartuschen verschiedene Systeme, die nicht miteinander kompatibel sind.
- ▷ Gaskocher sind leicht bedienbar und regulierbar. Brenner auf die Kartusche schrauben, Ventil aufdrehen, anzünden, das war's. Manche Gasbrenner haben sogar eingebaute Piezozünder, sodass man noch nicht einmal ein Feuerzeug benötigt.
- ▷ Leere Kartuschen lassen sich unterwegs nur schlecht entsorgen. Im schlimmsten Fall schleppt man sie bis zum Ende der Tour mit sich herum.
- ▷ Bei großer Kälte lässt der Gasdruck stark nach. Dann kann man nur noch mit vorgewärmter Kartusche kochen.

Produktbeispiele:

- ▷ *BRS-3000T*, **25 g**. Der leichteste Gaskocher für Schraubkartuschen, manuelle Zündung. 💻 www.amazon.de
- ▷ *EOE Lithium*, **44 g**. Kocher für tassenförmige Töpfe, manuelle Zündung. 💻 eoe-europe.com
- ▷ *Soto Windmaster*, **67 g**. Windstabiler Kocher mit wechselbaren Topfauflagen, Piezozündung. 💻 sotooutdoors.com

Fazit: Wenn man 15 l Wasser oder mehr erhitzen will, bevor man den Brennstoffvorrat wieder auffüllen kann, ist ein Gaskocher die beste Wahl. Bei einem Heißwasserverbrauch von 1 l pro Tag pro Person entspricht das einer Tourenlänge von mindestens einer Woche zu zweit oder zwei Wochen solo.

Esbit

- ▷ **Esbit**. Esbit ist der Handelsname für Hexamethylentetramin, ein weißer Feststoff, dessen Heizwert bei ca. **4 kcal/g** liegt. Ungefähr **35 g** sind erforderlich, um 1 Liter Wasser zum Kochen zu bringen.
- ▷ Esbit verbrennt langsam, dadurch ist die Heizleistung gering. Bei großer Kälte und Wind kann oben am Topf der Wärmeverlust größer sein als der Nachschub von unten. Das Wasser erreicht dann nie den Siedepunkt.
- ▷ Esbitkocher gehören zu den einfachsten Kochern überhaupt. Als Brenner reicht eine kleine Auflage aus Metall, damit der Esbitwürfel nicht zerläuft und von unten genügend Sauerstoff bekommt.
- ▷ Die Tabletten sind leicht zu handhaben und zu dosieren. Die Blisterverpackung wiegt fast nichts und schützt vor Feuchtigkeit. Das ist auch wichtig, denn nasse Tabletten explodieren leicht.
- ▷ Im Vergleich zu anderen Brennstoffen ist Esbit relativ teuer. Setzt man das jedoch in Relation zu den anderen Kosten, die bei Trekkingtouren anfallen, spielt es kaum eine Rolle.

Produktbeispiele:

- ▷ *Trail Designs Gram Cracker*, **3 g**. Der wohl leichteste Esbit-Kocher, ohne Topfständer. 💻 www.traildesigns.com
- ▷ *Esbit Trockenbrennstoff-Kocher Titan*, **12 g**. Schale für Esbit-Brennstofftabletten (14 g) und drei Arme als Topfständer – ein Kocher für absolute Puristen. 💻 www.esbit.de

Fazit: Für Kurztouren mit ein bis zwei Übernachtungen ist Esbit die leichteste Wahl. 70 g reichen für 2 l Wasser aus. Das entspricht einem Bedarf von zwei Personen an einem Trekkingtag.

Holz

- ▷ **Holz** hat einen Heizwert, der bei **3 bis 4 kcal/g** liegt, abhängig von der Baumart und dem Trocknungsgrad. Frisches Holz enthält bis zu 50 % Wasser, gut abgelagertes Material dagegen nur noch 20 %. In der Praxis benötigt man **200 bis 300 g**, um 1 l Wasser zu erhitzen.

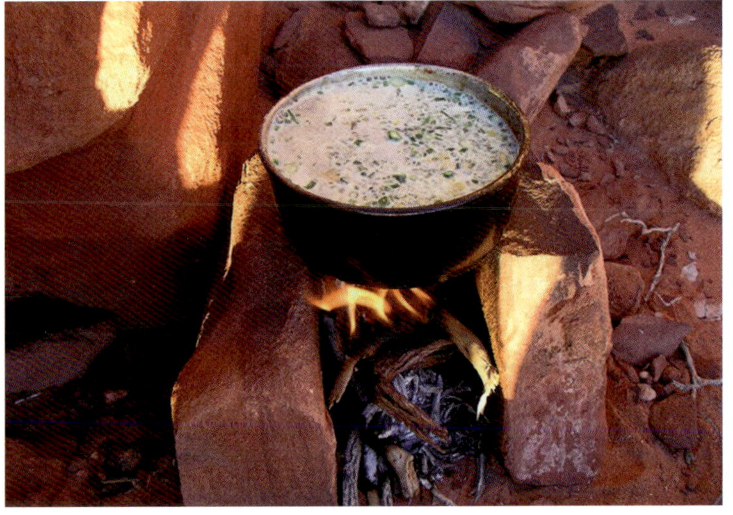

Brennstoff Holz: in der Wüste trocken und gefahrlos

▷ Holz ist ideal als zusätzlicher Brennstoff geeignet und fast überall vorhanden. Selbst in Wüstengebieten oder baumlosen Regionen finden sich meist ohne langes Suchen genügend Zweige für ein kleines Kochfeuer.

▷ Achtung: In vielen Wandergebieten ist offenes Feuer verboten. Diese Regelungen haben immer ihre Berechtigung und Sie sollten sie deshalb strikt einhalten. Erkundigen Sie sich vorab, was erlaubt ist.

▷ Ein Topfständer für ein Holzfeuer lässt sich leicht improvisieren: drei ungefähr gleichgroße Steine, drei Metall-Heringe auf gleiche Länge in den Boden gesteckt oder auch den Topf direkt auf das Feuer gestellt. Etwas Vorsicht ist allerdings bei antihaftbeschichteten Töpfen angebracht. Beim direkten Kontakt mit der Glut kann der Topf zu heiß werden und die Beschichtung löst sich ab.

▷ Mit einem Holzfeuer zu kochen erfordert etwas Zeit und manchmal auch Geduld. Dafür ist es ursprünglicher und romantischer. Ein Argument, das bei knurrendem Magen allerdings niemanden überzeugt.

Produktbeispiele:

- ▷ *Suluk46 Una Stove*, **71 g**. Wahrscheinlich der leichteste und teuerste Holzkocher mit Doppelwand-Konstruktion. Nur per Direktimport erhältlich. 💻 suluk46.com
- ▷ *Bushcraft Essentials Bushbox Titanium*, **160 g**. Sehr effizienter Falt-Hobo aus Deutschland mit Aschepfanne als Bodenschutz.
  💻 www.bushcraft-essentials.com

Fazit: Holz ist der leichteste Brennstoff, wenn man unterwegs genügend davon findet und offenes Feuer erlaubt ist. In jedem Fall sollte man täglich etwas Zeit für die Beschaffung einplanen.

Spiritus

- ▷ Brennspiritus ist reiner Alkohol (Ethanol), der durch ein Vergällungsmittel ungenießbar gemacht wurde.
- ▷ Der Heizwert von Spiritus ist ungefähr halb so hoch wie der von Gas oder Benzin: Ca. **5 kcal/g**. 1 l Wasser kocht mit knapp **30 g** Alkohol.
- ▷ Spiritus ist einfach und sicher in der Handhabung: Kocher füllen, anzünden, das war's. Der Alkohol verbrennt sauber, rückstandsfrei, lautlos und geruchsneutral.
  Wenn Spiritus trotz aller Vorsichtsmaßnahmen einmal ausläuft, lässt man ihn einfach verdunsten.
- ▷ Spirituskocher sind einfach aufgebaut, sehr leicht und praktisch unverwüstlich. Da sie keine beweglichen Teile besitzen, kann nichts klemmen oder kaputt gehen.
- ▷ Eine Regulierung der Flamme ist durch teilweises Abdecken des Brenners möglich, wird aber in der Praxis kaum angewendet. Zum Erhitzen von Wasser und zur Zubereitung von Fertiggerichten oder Trekking-Mahlzeiten ist das auch nicht notwendig.
- ▷ Spiritus ist fast überall leicht erhältlich. In Supermärkten, an Tankstellen, Apotheken, Drogerien usw.
- ▷ Bei tiefen Temperaturen lässt sich Spiritus schlecht entzünden. Dann kann es notwendig sein, den Brennstoff vorzuwärmen.

Produktbeispiele:

- ▷ *Toaks Titanium Siphon Alcohol Stove (STV-01)*, **20 g**. Sehr effizienter Spiritusbrenner mit überaus kurzer Aufwärmzeit. Auch mit Drahtgitter als Topfständer erhältlich. 💻 www.toaksoutdoor.com
- ▷ *Vargo Triad Titan*, **32 g**. Kocher mit integriertem Ständer für breitere Töpfe. Auf den Kopf gestellt auch als Esbit-Kocher geeignet. 💻 vargooutdoors.com
- ▷ *Trangia Mini 28T*, **110 g**. Komplettes Spirituskochset mit Windschutz, Topf und antihaftbeschichteter Pfanne, die sich auch als Topfdeckel nutzen lässt (zusammen 330 g). Laut Hersteller ist es als Einpersonenkocher gedacht, reicht nach meiner Erfahrung aber auch für zwei hungrige Trekker. 💻 www.trangia.se
- ▷ *TX-Boil FS UL*, **47 g** (für Töpfe mit 90 bis 100 mm Durchmesser). Standsicheres System mit Sicherheitsbrenner, Windschutz und geringem Packmaß. 💻 www.x-boil.de
- ▷ *Trail Designs Caldera Keg-F Stove System*, **200 g**. Sturmsicheres Kochsystem aus einer recycelten Bierdose (!) mit Deckel, Spiritusbrenner, titanverstärktem Windschutz/Topfständer, Unterlage, Brennstoffbehälter, Isolierummantelung sowie Ess- und Trinkgefäß. 💻 www.traildesigns.com

Fazit: Für Touren, bei denen man einen Brennstoffvorrat für weniger als 15 l heißes Wasser braucht, ist Spiritus die beste, zuverlässigste und leichteste Wahl.

Bei einem Bedarf von 1 l pro Tag pro Person liegt die Grenze bei einer Wochentour zu zweit oder einem Zweiwochentrip alleine. Ist Ihre Trekkingtour kürzer, nehmen Sie Spiritus, ist sie länger, kochen Sie mit Gas. Bei ausgedehnten Trekkingtouren hat man jedoch oft in regelmäßigen Abständen „Zivilisationskontakt". Man kommt an einer Wanderhütte vorbei, einem Dorf mit Drogerie, Apotheke oder einer Tankstelle, wo man Spiritus nachkaufen kann. Dann reicht ein geringerer Brennstoffvorrat aus und damit wird Spiritus auch bei Langstreckenwanderungen zur Nummer Eins.

Das Spirituskochset Trangia Mini

Kocher selbst gebaut

Im Internet findet man eine Reihe von Selbstbauanleitungen für Spirituskocher, etwa bei 💻 zenstoves.net oder 💻 happyhiker.de/dosenkocher-bauanleitung.

Auch Sie können sich mit etwas handwerklichem Geschick ein Kochsystem bauen, das mitsamt Topf weniger als **100 g** wiegt. Es ist einfach in der Bedienung, zuverlässig, sicher im Betrieb und nutzt die Heizenergie optimal aus. Sie benötigen dazu die folgenden Komponenten.

Spiritusbrenner. Für diesen extrem leichten Brenner benötigen Sie drei leere Getränkedosen aus Aluminium. Was Leistungsfähigkeit und Brennstoffverbrauch angeht, ist er kommerziellen Modellen durchaus ebenbürtig.

An Werkzeug ist erforderlich:

- ▷ eine stabile Schere
- ▷ ein Hammer
- ▷ ein spitzer Nagel
- ▷ etwas selbstklebende Aluminiumfolie (Baumarkt)
- ▷ Besorgen Sie sich eine Bierdose (0,5 l), eine Coladose (0,33 l) und eine schmale Energiedrink-Dose (0,2 l) aus Aluminium.

Und so geht's:

- ▷ Die Coladose bildet die Grundlage des Kochers. Stellen Sie sie auf eine flache Fläche und ziehen Sie mit einem Stift eine umlaufende Markierung auf einer Höhe von 27 mm. Das geht am einfachsten, wenn man den Stift auf eine feste Unterlage legt, sodass die Spitze genau 27 mm hoch ist, und dann die Dose gegen die Spitze schiebt und sie langsam dreht.
- ▷ Schneiden Sie das markierte Unterteil mit einer Schere ab. Stechen Sie dabei mit der Scherenspitze oberhalb der Schnittlinie in die Dose.
- ▷ Nehmen Sie danach die Bierdose und schlagen Sie mithilfe des Nagels und eines Hammers am äußeren Rand des Bodenwulstes im Abstand von 5 mm kleine Löcher in den Dosenboden. Für einen gleichmäßigen Abstand hilft es, einen Papierstreifen von 5 mm Breite als Maßlehre für das jeweils nächste Loch zu nehmen.
- ▷ Jetzt kommt der schwierigste Teil. Entfernen Sie den gewölbten Innenteil des Dosenbodens sodass der Wulst noch stehen bleibt. Entweder mit

einem kräftigen Messer oder indem man eine Reihe von kleinen Löchern umlaufend bohrt oder schlägt. Achten Sie darauf, dass der Abstand zwischen den Löchern so klein wie möglich ist. Hat man den Rand so perforiert, lässt sich der Boden anschließend leicht herausschlagen.

▷ Trennen Sie nun den unteren Teil der Bierdose mit der Schere in einer Höhe von 18 mm ab.

Querschnitt Spirituskocher

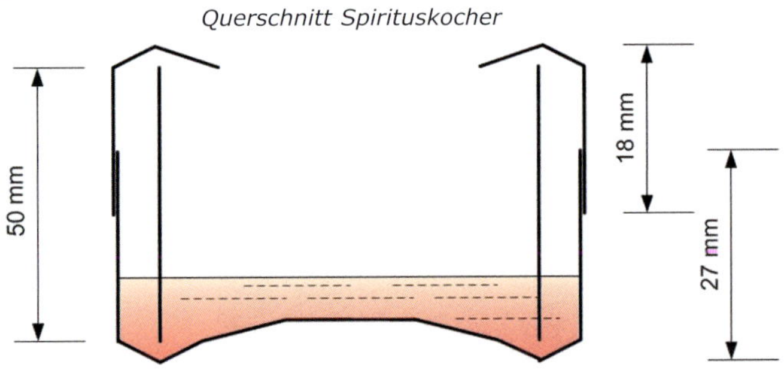

▷ Nehmen Sie die Energiedrinkdose und markieren Sie einen 35 mm hohen Bereich in der Mitte der Dosenwand. Der obere und untere Teil wird hier nicht benötigt. Schneiden Sie den 35 mm hohen Aluminiumring mit der Schere aus.

▷ Nun reduzieren Sie den Durchmesser dieses Rings, sodass er genau in die Wulstrille der beiden anderen Dosen passt. Dazu falten Sie an einer beliebigen Stelle den Ring scharf, und schlagen die Kante um 7 mm um. Anschließend biegen Sie den Aluring wieder in seine runde Form. Dadurch reduziert sich der Umfang des Ringes um 14 mm, da ja zwei Schichten umgeschlagen werden. Es sollte jetzt genau in die Vertiefung des Coladosenbodens passen.

▷ An der zukünftigen Unterkante des Rings schneiden Sie drei kleine Dreiecke heraus. Die Kantenlänge der ausgeschnittenen Ecken sollte ca. 2 mm betragen.

▷ Jetzt brauchen Sie die Einzelteile nur noch zusammenzusetzen. Erst der Coladosenboden. Dort hinein kommt der innere Ring, mit den ausgeschnittenen Ecken nach unten. Die Kante sollte genau in den Wulst des

Bodens hineinpassen. Dann vorsichtig den Deckel mit den Brennerlöchern aufsetzen. Da viele Bierdosen einen geringfügig größeren Durchmesser als Coladosen haben, sollte sich der Rand des oberen Teils über den Rand des unteren Teils schieben lassen. Setzen Sie die beiden Kanten aufeinander und drehen Sie sie vorsichtig, bis sie umlaufend überlappen. Danach die beiden Dosenteile so weit wie möglich zusammendrücken. Achten Sie darauf, dass der innere Ring nicht verrutscht und dass die beiden Dosenhälften nicht verkanten.

▷ Dichten Sie die Kante auf mittlerer Höhe der Brenneraußenwand mit einem Streifen der selbstklebenden Aluminiumfolie ab, und drücken Sie das Band fest an. Alternativ versiegeln Sie diese Kante mit einem temperaturbeständigen Zweikomponentenkleber.

Spirituskocher einsatzbereit

Damit ist der Spiritusbrenner fertig für den ersten Einsatz. Er wiegt lediglich **12 g**, ist aber genauso langlebig und zuverlässig wie kommerzielle Modelle.

Aber wie funktioniert dieser Brenner eigentlich? In die mittlere Öffnung wird Spiritus eingefüllt. Durch die kleinen Öffnungen der Trennwand gelangt er in den umlaufenden Verdampfungsraum, der nach oben hin in die Brenneröffnungen mündet. Nach dem Anzünden brennt zunächst nur der innere Bereich. Der Brenner heizt sich auf und der Spiritus beginnt zu kochen. Dadurch entsteht im äußeren Verdampfungsraum ein Überdruck, der den gasförmigen Spiritus mit hoher Geschwindigkeit durch die Brennerdüsen drückt, wo er sich entzündet. Durch das schnelle Ausströmen wird mehr Luft und damit Sauerstoff mitgerissen, als wenn der Spiritus drucklos abbrennen würde. Das führt zu einer schnelleren Verbrennung und zu einer heißeren Flamme.

Topfständer. Ein besonders leichter und kompakter Topfständer lässt sich aus einem Drahtkleiderbügel und einem kurzen Stück Aluminiumrohr improvisieren.

Schneiden Sie von einem Drahtkleiderbügel zwei jeweils 15 cm lange Stücke ab und biegen Sie sie mit einer Zange so, wie in der Abbildung gezeigt. Als drittes Bein dient ein Aluminiumröhrchen (Außendurchmesser 4 mm), dessen oberes Ende Sie mit einem Hammer etwas flachklopfen müssen, damit die beiden 1,5 cm langen Drahtenden dort gemeinsam hineinpassen. Der gesamte Ständer wiegt nur **5 g**, ist zerlegbar und dadurch äußert Platz sparend zu verstauen.

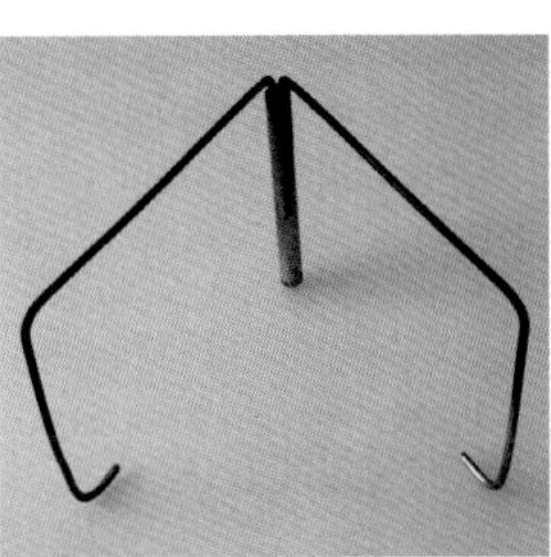

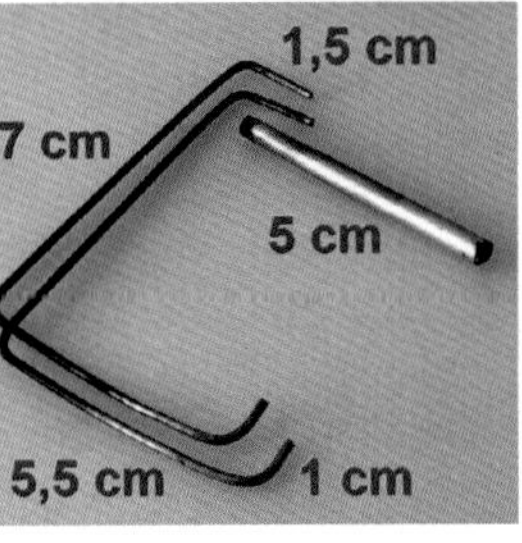

Topfständer aus Kleiderbügel und Aluminiumrohr

Windschutz. Einen ultraleichten Windschutz (**10 g**) baut man sich aus haushaltsüblicher Aluminiumfolie. Wie in der folgenden Abbildung gezeigt, nehmen Sie einen ca. 1 m langen Streifen und falten ihn einmal quer und einmal längs. So entsteht eine vierlagige Folie, die Sie an den Kanten umschlagen sollten. Die mehrlagige Konstruktion hat drei Funktionen. Sie sorgt zum einen für

Faltanleitung für isolierenden Windschutz

1
2
11 cm
49 cm
100 cm

Stabilität, denn so lässt sich der Windschutz bequem aufstellen. Zum anderen sind mehrere Lagen Alufolie notwendig, um ein Durchbrennen der Spiritusflamme zu verhindern. Die dritte Funktion ist die Isolierung der Brennkammer. Zwischen den einzelnen Lagen ist etwas Luft eingeschlossen, die die Wärmeabstrahlung nach außen reduziert. Diesen Isolationseffekt verstärkt man noch, indem man beim Falten des Windschutzes eine dünne Lage Glasfaservlies zwischen die Schichten legt, z. B. vor Schritt 2.

Bitte beachten Sie: Die in der Abbildung angegebenen Maße sind speziell auf den selbst gebauten Spiritusbrenner und den Trangia-Topf optimiert. Wenn Sie einen anderen Kocher verwenden, sollten Sie das Schnittmuster entsprechend anpassen. Die Folie sollte etwas niedriger als der Topfrand sein.

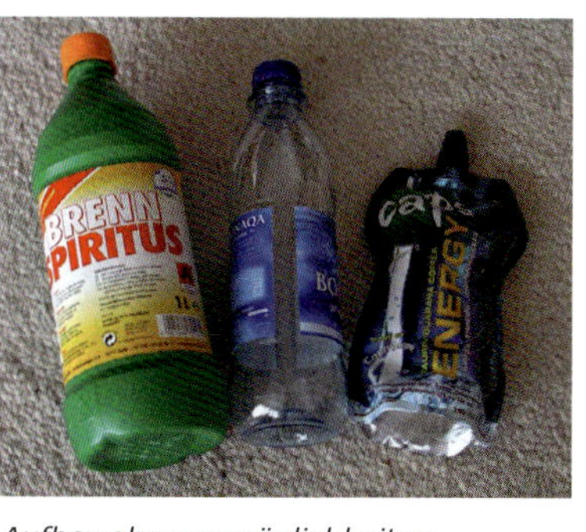

Aufbewahrungsmöglichkeiten für Spiritus

☺ Stanzen Sie mithilfe eines Bürolochers am unteren Rand des Windschutzes einige Luftlöcher ein. Das verbessert die Sauerstoffversorgung der Flamme.

Spiritusbehälter. Brennspiritus ist oft in leichten Kunststoffflaschen mit Sicherheitsverschluss erhältlich, sodass hier meist keine Notwendigkeit besteht, auch noch das letzte Gramm einzusparen. Manchmal ist es aber nützlich, den Spiritus umzufüllen, z. B. wenn man nicht einen ganzen Liter davon braucht.

Dazu bieten sich die folgenden Möglichkeiten an:

▷ *PET-Flasche*, ca. **49 g** (Mehrwegflasche), 0,5 l Inhalt. Einfache Flasche aus dem Getränkehandel. Einwegflaschen sind leichter, Mehrwegflaschen stabiler. Kleinere Größen finden Sie im Handel bei den Smoothies und Super-Food-Drinks.

▷ *Faltflasche*, **8 g**, 0,25 l Inhalt. Fabrikneue, transparente Einweg-Faltflaschen aus PET/LDPE mit Schraubverschluss.
www.trekking-lite-store.com

- ▷ *Einweg-Faltflasche*, **3 g**. Manche Hersteller bieten „Sportgetränke" oder ähnliches in Flaschen aus einer dünnen Folie an (☞ Abbildung). Als Behälter für Brennstoff sind sie unübertroffen leicht und dabei erstaunlich robust. Ich habe ein Exemplar dieser „Knautschflaschen" bereits seit mehreren Touren im Einsatz und es ist immer noch dicht.

Vorsicht: Wenn Sie Spiritus in einen anderen Behälter umfüllen, achten Sie unbedingt darauf, dass dieser deutlich gekennzeichnet ist, um Verwechslungen mit Getränken zu vermeiden. Am besten mit einem dicken, wasserfesten Marker beschriften und keine ähnlich aussehenden Behälter mit trinkbarem Inhalt mitnehmen. Schnell greift man im Dunkeln mal zur falschen Flasche.

Spirituskocher mit integriertem Topfständer. Unübertroffen einfach, zuverlässig, leicht und universell. Dieser Kocher ist in 5 Min. hergestellt und wiegt **9 g**.

Nehmen Sie eine kleine Pastetendose und kürzen Sie die Höhe mit einer Schere auf 15 mm. Im Baumarkt besorgen Sie sich ein Metallgitternetz aus verzinktem Stahl, das Sie auf eine Höhe von 55 mm und eine Länge vom gut des Dreifachen des Dosendurchmessers zuschneiden. Arbeiten Sie dabei exakt, damit später der Topf nicht wackelt. Aus dem Gitter formt man einen Ring, der in die Dose hineinpasst. Fertig ist der Kocher.

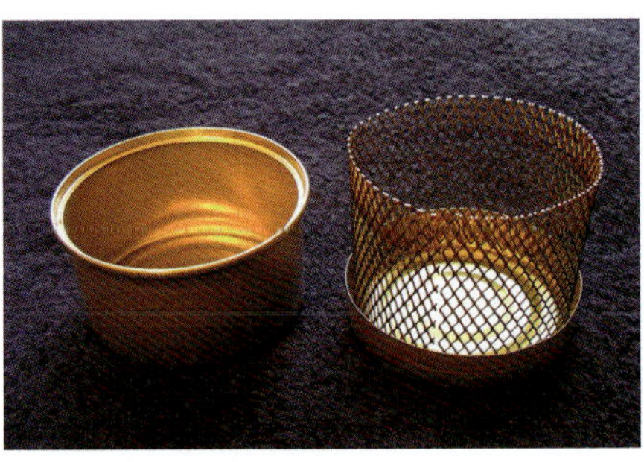

Spirituskocher aus einer Pastetendose

Das Gitter hat dabei mehrere Funktionen:

- ▷ Es dient als stabiler Topfständer.
- ▷ Es ist Windschutz für die Flamme im Inneren.
- ▷ Es fungiert als Wärmetauscher, leitet also die oben entstehende Wärme nach unten ab, erhitzt den Brennstoff und verstärkt so die Heizleistung des Kochers.

Brennstoff sparen

Unabhängig davon, welchen Kocher Sie einsetzen, gilt der Grundsatz: Brennstoff sparen heißt Gewicht sparen. Deshalb hier einige Tipps zum richtigen Umgang mit der tragbaren Wärme.

▷ Wie will man kochen? Muss der Kocher regulierbar sein, um auch auf Sparflamme kochen zu können? Oder reicht es aus, Wasser zum Kochen zu bringen? Geeignete Trekkingnahrung (☞ Proviant ab S. 81) benötigt oft nur die Zugabe von heißem Wasser, was den Brennstoffverbrauch erheblich senkt.

☺ Bei regulierbaren Kochern ist es sparsamer, wenn man sie nicht voll aufdreht, sondern nur mit der Hälfte der maximalen Heizleistung kocht. Sonst ist das Essen zwar schneller heiß, aber der Brennstoffverbrauch steigt unverhältnismäßig stark an. Der Grund: Je heißer die Flamme, desto mehr Wärme wird auch an die Umgebung abgegeben und geht dadurch verloren.

▷ Für manche Gerichte (etwa löslichen Kaffee oder Kartoffelbrei) muss man das Wasser nicht unbedingt zum Kochen bringen, nur um sich anschließend den Mund zu verbrennen. Erhitzen Sie stattdessen das Wasser nur auf Trinktemperatur, das schont den Brennstoffvorrat.

▷ Nicht immer muss man den Brennstoff für die gesamte Tour von Anfang an mitnehmen. Besteht zwischendurch die Möglichkeit, Gas, Benzin oder Spiritus zu kaufen, sollte man davon Gebrauch machen und Gewicht sparen.

▷ Nur wer seinen Heißwasserbedarf kennt, kann die richtige Menge Brennstoff einplanen. Ich selbst gehe nach folgender Faustregel vor: pro Tag und Person 1 l heißes Wasser. Das reicht für einen großen Kaffee am Morgen und eineinhalb warme Mahlzeiten am Abend. Für Sommertouren halbiere ich diese Menge, für Wintertouren verdopple ich sie.

▷ Die Luft und Wassertemperatur sollte man bei der Planung ebenfalls berücksichtigen. Je niedriger die Außentemperatur, umso höher ist der Brennstoffverbrauch und umso länger dauert es, bis das Wasser warm ist. Wasser aus

Schnee zu gewinnen kostet enorm viel Energie. Deshalb sollten Sie immer versuchen, andere Wasserquellen zu nutzen.

▷ Kochen ohne Windschutz ist wie Heizen bei offenem Fenster. Es ist immer wieder erstaunlich, welchen Einfluss selbst leiseste Luftbewegungen auf die Leistungsfähigkeit eines Kochers haben. Bei Wind kann sich der Brennstoffverbrauch leicht verdoppeln. Im schlimmsten Fall übersteigt der Wärmeverlust die Wärmeerzeugung des Kochers. Dann bekommt man das Wasser überhaupt nicht mehr heiß. Deshalb ist ein guter Windschutz ebenso wichtig wie der Kocher selbst.

▷ Selbst wenn Sie einen Windschutz verwenden, sollten Sie auf jeden Fall darauf achten, den Kocher an einem windgeschützten Platz aufzustellen: im Windschatten eines großen Felsblocks, auf der dem Wind abgewandten Seite eines dicken Baumes, am Rand einer Hecke usw.

▷ Auch geeignete Ausrüstungsgegenstände wie Isomatte oder Rucksack lassen sich dazu verwenden, einen windgeschützten Bereich zu improvisieren. Achten Sie aber unbedingt darauf, dass der Abstand zum Feuer groß genug ist, sonst kann's leicht brenzlig werden.

▷ Ist es draußen zu stürmisch zum Kochen, verlagert man die Küche notfalls in die Apsis oder direkt ins Zelt. Wichtig sind dabei zwei Dinge: Schützen Sie Ihre Ausrüstung vor der Brennerflamme. Speziell silikonbeschichtetes Ripstop-Nylon, aus dem viele Ultraleichtprodukte bestehen, ist leicht entflammbar. Bei Unachtsamkeit brennt man sich innerhalb von Sekunden einen zweiten Ausgang in die Zeltwand.

Achten Sie beim Kochen im Zelt auf eine gute Belüftung. Andernfalls besteht die Gefahr einer lebensgefährlichen Vergiftung.

Kochtopf und Pfanne

Topfmaterialien. Töpfe aus Edelstahl oder Duossal sind leicht zu reinigen, nahezu unverwüstlich, aber sehr schwer. Deshalb kommen diese Töpfe für Ultraleicht-Trekker auch nicht in Frage.

Besser sind Töpfe aus hartanodisiertem Aluminium. Sie sind ausgesprochen leicht, preiswert und leiten zudem die Wärme sehr gut. Es gibt sie auch mit einer Antihaftbeschichtung. Besonders bei Fertigmahlzeiten ist das praktisch. Diese Gerichte neigen dazu, hartnäckig am Topf festzubacken, was die ohnehin mühselige Reinigung nicht angenehmer macht.

Töpfe aus Titan sind noch etwas leichter als die aus Aluminium. Das spezifische Gewicht von Titan ist zwar höher, aber durch die extreme Festigkeit lassen sich Titantöpfe dünnwandiger fertigen, sodass man von einer Gewichtsersparnis von rund 20 % ausgehen kann.

Der Nachteil: Titanprodukte sind teurer und jeder muss sich selbst überlegen, ob ihm 20 oder 30 g weniger Gewicht so viel Geld wert sind. Außerdem leitet Titan die Wärme schlecht. Das hat Vor- und Nachteile: Es dauert länger, bis das Essen warm ist, verbraucht etwas mehr Brennstoff und der Topfinhalt brennt leichter an. Doch wer aus dem tassenähnlichen Topf auch trinken will, verbrennt sich längst nicht so schnell die Lippen.

Topfgröße. Die kleinsten Töpfe haben ein Fassungsvermögen von etwa 0,5 l. Weiter verbreitet sind Töpfe mit rund 0,7 l Volumen. Sie sind laut Herstellern für Solotouren gedacht und eignen sich für die Zubereitung von Mahlzeiten mit 0,5 l Wasser, das entspricht einer Portion für eine Person.

Ich habe jedoch auf allen Touren die Erfahrung gemacht, dass man auch zu zweit keinen größeren und schwereren Topf braucht. Die meisten Fertiggerichte sind sowieso für 0,5 l Wasser gedacht. Da ist ein kleiner 0,7-Liter-Topf gerade groß genug. Und mir selbst macht es auch mehr Spaß, verschiedene kleine Gerichte nacheinander zu kochen, als vor einem Riesenberg Nudeln zu stehen, die dann schneller abkühlen als man sie essen kann. Meine Empfehlung deshalb: Drei-Gänge-Menü statt Hordentopf.

Spiritusbrenner mit Windschutz und Deckel

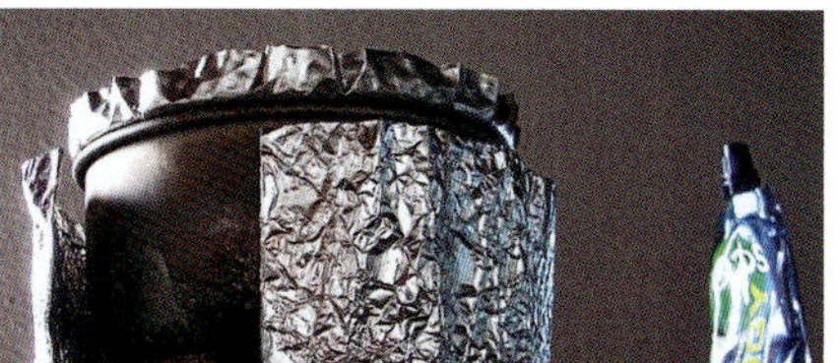

Auch auf die zusätzliche Mitnahme eines Wasserkessels können Sie getrost verzichten. Man hat ja sowieso nur einen Brenner und nutzt Topf und Kessel nie gleichzeitig. Warum also zwei Behälter mitnehmen? Der einzige Vorteil eines Wasserkessels ist der geringere Wärmeverlust nach oben, aber das erreicht man auch auf andere Weise: Verwenden Sie beispielsweise ein Stück stabile Aluminiumfolie, um den Topf abzudecken. Gut geeignet dafür sind Aluminiumschalen, wie man sie bei Fertigkuchen und manchen Fertiggerichten aus der Tiefkühltruhe findet (☞ Abbildung).

Produktbeispiele:

- ▷ *Leere Bierdose*, ab **10 g**, 500 bis 1.000 ml. Geeignet für Hardcore-Minimalisten mit Nehberg-Ambitionen. Ausreichend, um Wasser zu erhitzen. Im Internet finden sich Bauanleitungen für passende Brenner.
- ▷ *Toaks Light 550 ml (POT-550-NH)*, **62 g**, 550 ml (8,9 ml/g). Aus besonders dünnem Titan, aber ohne Griff: Handtuch als Topflappen nutzen! Auch mit Griff oder mit 650 ml Volumen erhältlich.
  💻 www.toaksoutdoor.com
- ▷ *Evernew Ti Ultra Light Deep Pot S (ECA264R)*, **95 g**, 640 ml (6,7 ml/g). Fasst zwei kleine Gaskartuschen. 💻 evernew-global.com
- ▷ *Toaks 750 ml (POT-750)*, **103 g**, 750 ml (7,3 ml/g). Beliebte Standardgröße für ein bis zwei Personen. Mit Griff.
- ▷ *Trangia Topf 25 HA*, **118 g**, 1.500 ml (12,7 ml/g). Topf aus hartanodisiertem Aluminium. Fast so leicht zu reinigen wie antihaftbeschichtete Töpfe, Oberfläche aber sehr viel kratzfester. Ohne Deckel und Griffzange.
  💻 trangia.se
- ▷ *Evernew Ti Ultra Light Pot #3 (ECA253R)*, **130 g**, 1.300 ml (10 ml/g). Unschlagbar leichter Topf mit 150 mm Durchmesser, Griff und Deckel für Trekker, die auch mal frisch kochen wollen.
- ▷ *Vargo BOT 700*, **138 g**, 700 ml (5,1 ml/g). Mit wasserdichtem Schraubdeckel, der sich auch als Tasse nutzen lässt. 💻 vargooutdoors.com

Pfanne. Normalerweise braucht man nur selten eine Pfanne, und deshalb sollten Sie sich genau überlegen, ob sich die Mitnahme wirklich lohnt. Meist verwendet man sie nur als Topfdeckel. Wollen Sie dennoch nicht darauf verzichten, empfehle ich Ihnen das kleine antihaftbeschichtete Modell des *Mini Trangia*.

Topfgriff. Um mit einem heißen Topf zu hantieren, braucht man einen Griff. Viele Töpfe haben einen fest angebrachten und beiklappbaren Griff. Gehört Ihrer nicht dazu, helfen Ihnen vielleicht die folgenden Anregungen.

▷ Handelsübliche Griffzangen für Töpfe sehen ähnlich aus wie eine kleine Rohrzange und wiegen – obwohl aus Aluminium gefertigt – auch fast so viel: bis zu **40 g**.

▷ Beim *Trangia Mini* Kochset ist eine ist eine kompakte und sehr leichte Griffzange dabei (ca. **20 g**). Mit ihr lassen sich der Trangia-Topf und die dazu gehörende Pfanne sicher greifen. Wenn Sie einen leichten Topfgriff mitnehmen wollen, dann diesen.

▷ Noch leichter als eine Griffzange: drei kleine Löcher in gleichem Abstand direkt unterhalb der Topfkante bohren, jeweils ein ca. 30 cm langes dünnes Drahtseil (erhältlich im Modellbaufachhandel) durchfädeln und mit einem Knoten gegen Durchrutschen sichern. Die anderen Enden zusammenknoten. Fertig ist der flexible Henkel mit **1 g** Gewicht.

▷ Die einfachste Lösung mit **0 g** Zusatzgewicht: Man nimmt einen Lappen, etwa das Mikrofaser-Handtuch aus dem Waschbeutel (☞ Sonstige Ausrüstung, ab Seite 124). Aber Vorsicht, diese Variante verlangt etwas Erfahrung. Sonst sengt man sich leicht die Finger, den Lappen oder beides an. Und ein rußgeschwärztes Handtuch hat man auch fernab der Zivilisation nicht gerne.

Topfwärmer. Viele Fertiggerichte aus dem Supermarkt müssen mehrere Minuten kochen, bevor sie genießbar sind. Dafür benötigen Sie erheblich mehr Brennstoff als für Trekking-Mahlzeiten, die nur kurz in heißem Wasser ziehen müssen. Dieser Zusatzverbrauch lässt sich vermeiden, wenn man einen Topfwärmer (Pot Cozy) verwendet. Das ist eine isolierende Hülle, in die Sie den Topf nach dem Aufkochen hineinstellen. Danach warten Sie einige Minuten länger als in der Kochvorschrift angegeben und fertig ist das Essen. Praktischer Nebeneffekt: Da der Inhalt währenddessen etwas abkühlt, hat er dann auch gleich die ideale Esstemperatur.

Am einfachsten baut man sich einen Topfwärmer, indem man eine Sonnenschutzfolie, wie sie für Windschutzscheiben erhältlich ist, entsprechend zuschneidet. Zwei runde Teile dienen als Boden und Deckel, ein dritter Streifen wird mit hitzebeständigem Aluminiumklebeband zu einem Ring zusammengeklebt. Achten Sie darauf, dass der Ring genau so hoch wie der Topf ist und im Durchmesser etwas größer. Den Deckel lassen Sie am besten etwas überstehen, damit er den Innenraum rundum gut abdichtet.

Bei einem Eigengewicht von ca. **20 g** spart ein Topfwärmer bei einer zweiwöchigen Tour zu zweit je nach Art der Fertiggerichte bis zu 1.000 g Spiritus.

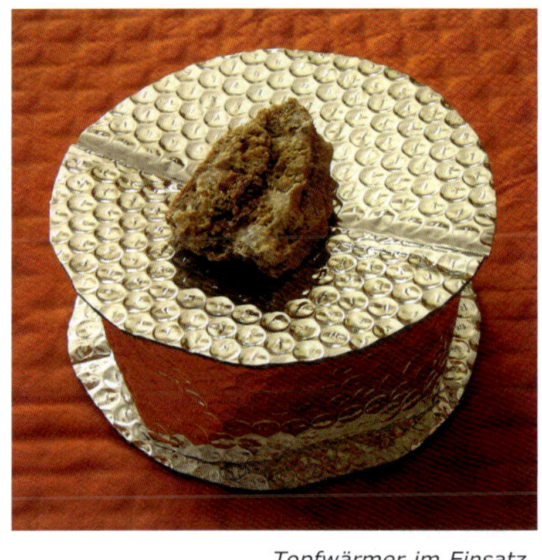

Topfwärmer im Einsatz. Der Stein dient zur Sicherung bei Wind

Kochzubehör

Feuerzeug. Um Feuer zu machen gibt es in den Katalogen der Outdoor-Ausrüster die abenteuerlichsten Produkte: Sturmfeuerzeuge, wasserfeste Streichhölzer, ja sogar Feuerstarter aus Magnesium, mit denen das Feuermachen fast so komfortabel ist wie vor 5.000 Jahren.

Die einfachste und beste Lösung ist ein kleines Gasfeuerzeug (*Mini Bic*, 💻 www.bicworld.com). Es wiegt weniger als **10 g** und reicht mit einer Gasfüllung für wochenlange Wanderungen aus. Wichtig: Achten Sie darauf, dass man den Füllstand des Tanks von außen erkennt. Dann besteht nicht die Gefahr, mit fast leerem Feuerzeug loszuziehen oder es ungewollt leer zu brennen.

Da Feuermachen unter Umständen lebenswichtig ist, sollten Sie Ihr Schicksal nicht an einen einzigen kleinen Piezokristall hängen und in großen Höhen sogar ganz auf die Piezozündung verzichten. Nehmen Sie mindestens zwei Feuerzeuge mit und bewahren Sie diese getrennt voneinander auf. Die Wahrscheinlichkeit, dass beide ihren Dienst versagen, ist sehr gering, der Zugewinn an Sicherheit umso höher.

Messer. Ohne ein Messer kann man in der Wildnis einfach nicht überleben. Es ist das wichtigste Werkzeug überhaupt: zum Zerlegen von Kaninchen, zum Ausnehmen von Fischen usw. Die Einsatzmöglichkeiten sind unbegrenzt. Es verschafft einem Sicherheit, Selbstvertrauen und ist Status- und Männlichkeitssymbol am Lagerfeuer. Sogar spezielle Fachzeitschriften beschäftigen sich mit dem Thema Messer. Für Gabel oder Löffel jedoch scheinen Interesse und Zeitschriftenangebot weniger groß zu sein.

Ganz im Ernst: Die Bedeutung eines Messers wird – zumindest was Trekkingtouren angeht – maßlos überschätzt. Wozu braucht man es denn, außer zum Öffnen einer Suppentüte oder vielleicht mal, um ein Stück Käse, Salami oder Klebeband abzuschneiden? Für die meisten Anwendungen reicht deshalb eine kleine Klinge völlig aus.

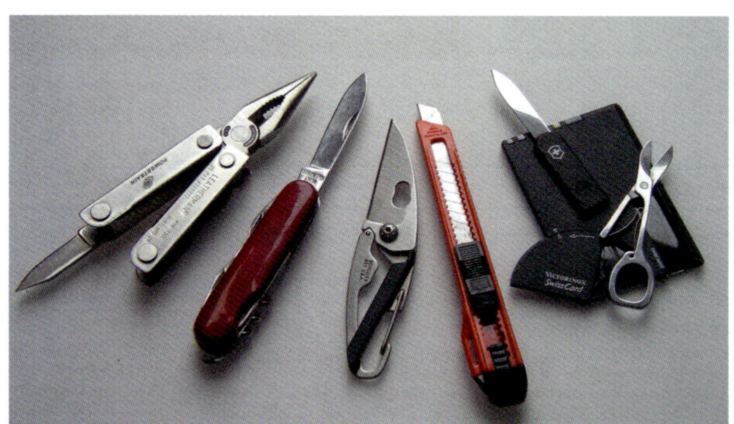

Eine Auswahl leichter Messer

Produktbeispiele:

▷ *Opinel 8*, **44 g**. Schlichtes Gebrauchsmesser mit feststellbarer, 8 cm langer Klinge aus rostfreiem oder besonders scharfem Carbon-Stahl.
💻 www.opinel.com

▷ *Victorinox Classic SD*, **21 g**. Die „Schweizer Messer" gibt es in allen möglichen und unmöglichen Ausbaustufen. Das *Classic SD* gehört zu den leichtesten Modellen und besitzt Klinge, Schere, Nagelfeile, Schraubendreher, Pinzette und Zahnstocher. Auf längeren Touren auch für die Nagelpflege geeignet! 💻 www.victorinox.com

- ▷ *Victorinox Swisscard*, **25 g**. Die *Swisscard* enthält neben einem Minimesser (eigentlich ein Brieföffner) auch Schere, Nagelfeile, Kugelschreiber, Schraubenzieher, Pinzette, Zahnstocher, eine Nadel und einen Maßstab (cm/inch), der bei der Positionsbestimmung mit GPS-Koordinaten und Karten mit UTM-Gitter nützlich ist.
- ▷ *Gerber Ultralight LST*, **17 g**. 5 cm lange, feststellbare Klinge aus 420HC-Stahl, Zytel-Heft. 💻 www.gerbergear.com
- ▷ *Opinel 2*, **5 g**. Wirkt wie ein Spielzeug, ist auf kürzeren Touren aber völlig ausreichend. 3,5 cm lange Klinge.

Besteck. Ich habe auf meinen Touren noch nie eine Gabel verwendet und auch noch nie eine vermisst. Deshalb mein Tipp: Nehmen Sie lediglich einen leichten Löffel mit. Billige Bestecksets aus Blech oder Stahl scheiden allerdings aus. Als Material der Wahl kommt auch hier Aluminium, Titan oder Kunststoff in Frage. Letzteres hat den Vorteil, dass man den Löffelstiel ohne schlechtes Gewissen kürzen kann. Die Gewichtsersparnis ist dabei zwar kaum der Rede wert, aber ein kurzer Löffel lässt sich leichter im Kochtopf verstauen. Der Haken: Statt Lexan verwenden inzwischen fast alle Hersteller das weniger brauchfeste Acetal für ihre Kunststoff-Löffel.

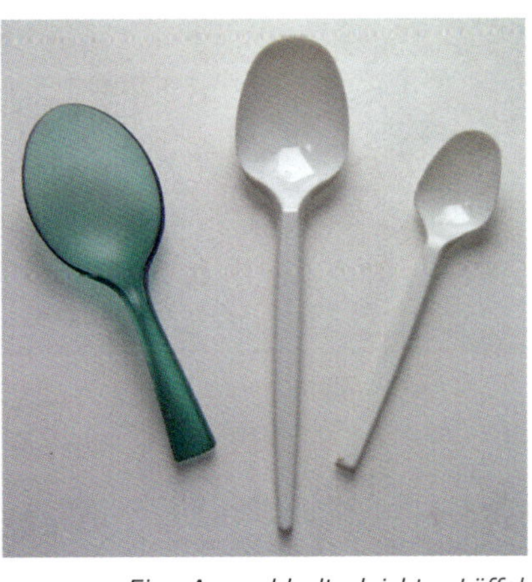

Eine Auswahl ultraleichter Löffel

Produktbeispiele:

- ▷ *GSI Outdoors TEKK Cutlery Set*, **25 g**. Besteck-Set aus BPA-freiem Kunststoff. 💻 gsioutdoors.com

- ▷ *Toaks Titanium Spoon,* **18 g**. Einer der wenigen Titan-Löffel mit polierter Essfläche. 💻 www.toaksoutdoor.com
- ▷ *LightMyFire Spork,* **10 oder 17 g**. Kunststoff- oder Titan-Kombination aus Gabel und Löffel mit jeweils brauchbaren Besteckteilen. Kurze Schneidekante für nicht zu harte Brocken. 💻 lightmyfire.com
- ▷ *Sea To Summit Alpha Light Löffel,* **8 bis 12 g**. Stabil, aus hartanodisiertem Aluminium und in drei Längen erhältlich (13, 17 und 22 cm). 💻 www.seatosummit.de
- ▷ *Party-Löffel (Ein-/Mehrweg),* **5 g**. Aus dem Regal für Partyzubehör oder dem nächsten Fast-Food-Restaurant. Keine dauerhafte Lösung, aber eine Woche Trekking hält so ein Löffel bei entsprechender Vorsicht ohne Weiteres durch.

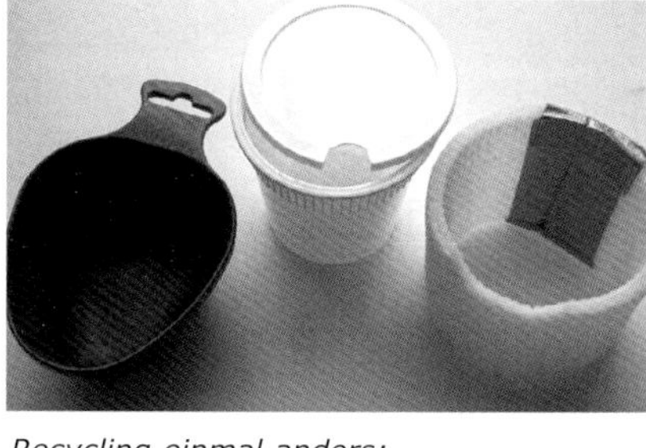

Recycling einmal anders: Thermotasse selbstgebaut

Tasse und Teller. Aus Ultraleicht-Perspektive sind Tasse und Teller eigentlich überflüssig. Warum nicht direkt aus dem Kochtopf essen und trinken? Das spart Gewicht und reduziert den Reinigungsaufwand. Für Solotourer und Minimalisten durchaus eine empfehlenswerte Strategie. Aber zu zweit möchte man vielleicht morgens zusammen eine Tasse Kaffee trinken oder eine Mahlzeit teilen, ohne sich dauernd mit dem Löffel in die Quere zu kommen.

Dafür sind die folgenden Behältnisse geeignet:

- ▷ *Soto Thermostack Cook Set Combo,* **312 g**, 750/400/350 ml. Flexibles Komplett-Set mit Kochtopf (87 g, Alu), Becher (50 g, Titan) und Thermoeinsatz (80 g, Edelstahl). Topfwärmer (Packbeutel), Griffzange und zwei Deckel sind auch dabei. 💻 sotooutdoors.com
- ▷ *Evernew Ti Cup 570FD (EBY278R),* **55 g**, 570 ml. Niedriger als vergleichbare Tassen, besser zum Essen geeignet. In diesem Becher lässt sich auch Wasser erhitzen. 💻 evernew-global.com

▷ *Wildo Kåsa Army*, **55 g**, 300 ml. Dieses unkaputtbare Berghaferl ist zu Recht ein Klassiker. Für Kaffee genauso gut geeignet wie als Müslischale oder als Essnapf für die Fertignudeln. 💻 www.wildo.se

▷ Selbst gebaute Tasse, **10-20 g**. Aus Einwegbehältern wie Joghurtbechern, Fünfminutenterrinen oder Fertigsuppen aus dem Asia-Shop. Eine Hülle aus Isolationsmaterial (5-mm-Evazote-Matte, Trittschalldämmung aus dem Baumarkt, Sonnenschutzfolie für die Windschutzscheibe etc.) macht daraus einen Thermobecher, der leichter ist und den Inhalt länger warm hält als kommerzielle Produkte. Der gezeigte Becher (☞ Abbildung) wiegt mit Deckel und Isolation gerade mal halb so viel wie ein Berghaferl und hält den Kaffee bis zu einer halben Stunde warm.

Der leidige Abwasch. Wenn man möchte, nimmt man ein Stück eines haushaltsüblichen Spülschwamms für den Abwasch mit. Dann braucht man aber auch etwas Spülmittel, sonst setzen sich die ganzen fettigen Essensreste im Schwamm fest und man hat in kurzer Zeit eine ultraleichte Bakterienzucht.

Hygienischer, umweltfreundlicher und gewichtssparender ist es, auf Schwamm und Spülmittel ganz zu verzichten und Topf und Tasse direkt nach Gebrauch mit klarem Wasser zu reinigen.

Steht in Lagernähe kein Wasser zur Verfügung, behilft man sich mit einem Büschel Gras, etwas Toilettenpapier oder einem Stück Papiertaschentuch. Das Papier lässt sich anschließend verbrennen. Auch Sand ist geeignet, verschmutztes Geschirr zu reinigen. Vorsicht jedoch bei antihaftbeschichteten Töpfen, deren Oberfläche dadurch leicht verkratzt.

☺ Bewahren Sie sämtliche Kochutensilien zusammen auf, beispielsweise direkt im Kochtopf. So hat man mit einem Griff alles zur Hand und muss nicht erst lange im Rucksack herumkramen, während einem der Magen knurrt.

Weitere Tipps zur Ausrüstung in der ultraleichten Outdoor-Küche sowie zu Proviant und Rezepten:

📖 **Kochen ultraleicht** von S. Kuhn, OutdoorHandbuch *Basiswissen für draußen*, Conrad Stein Verlag, Band 424, ISBN 978-3-86686-578-5, € 9,90

Wasser

Der menschliche Körper besteht zu mehr als der Hälfte aus Wasser. Auf feste Nahrung kann man tagelang, notfalls sogar mehrere Wochen verzichten, ohne dass man um seine Gesundheit bangen muss. Ohne Wasser dagegen fühlt man sich bereits nach wenigen Stunden merklich unwohl. Schlimmer noch, bei Wassermangel nimmt die körperliche und geistige Leistungsfähigkeit rapide ab.

Bei leichter körperlicher Betätigung benötigt man rund 2 bis 3 l Flüssigkeit pro Tag. Intensive Anstrengung erhöht diesen Bedarf auf bis zu 2 l *pro Stunde*. Das zeigt, dass der Wasserbedarf auf einer Trekkingtour eine sehr individuelle Sache ist und je nach Schwierigkeitsgrad der Route und der Gehgeschwindigkeit sehr unterschiedlich ist. Äußere Bedingungen wie Temperatur, Luftfeuchtigkeit und Luftdruck spielen eine fast noch größere Rolle. Je trockener oder heißer die Luft oder je niedriger der Luftdruck (etwa in großen Höhen), desto mehr Wasser verliert man über die Haut und die Atemluft.

Leider ist Wasser ziemlich schwer. Es lässt sich nicht komprimieren, es gibt keine leichtere Alternative und auch ansonsten besteht kaum eine Möglichkeit, bei dem wichtigsten aller Elemente Gewicht zu sparen.

Sie können jedoch durch die folgenden Maßnahmen sicherstellen, dass Sie nicht mehr Wasser als notwendig verbrauchen oder mit sich herumschleppen:

▷ Informieren Sie sich vor Tourenbeginn über die Möglichkeiten, Ihren Wasservorrat aufzufüllen. Wo Menschen leben, gibt es meist auch Trinkwasser. In der Wildnis deckt man seinen Bedarf aus Seen und – besser noch – aus Quellen oder Bächen. Mithilfe der Wanderkarte finden Sie deren Lage leicht heraus.

▷ Nehmen Sie nicht zu viel Wasser mit. Eine vernünftige Sicherheitsreserve sollte man immer dabeihaben, aber für eine Zwei-Stunden-Wanderung braucht man sich nicht mit mehreren Litern zu beladen. Wenn Sie Ihre Flasche erst kurz vor dem erneuten Auffüllen leer trinken, dann haben Sie entweder mit dem Trinken zu lange gewartet oder unnötig viel Wasser getragen.

▷ Trinken Sie bei jeder Gelegenheit und so viel wie möglich, wo immer Sie Ihren Wasservorrat auffüllen können. Steht Wasser – wie in vielen Gebieten Skandinaviens – im Überfluss zur Verfügung, ist eine gefüllte Wasserflasche womöglich sogar überflüssig. Gebiete wie die Hardangervidda in Norwegen lassen sich bei entsprechender Umsicht komplett ohne Wasserflasche durchqueren.

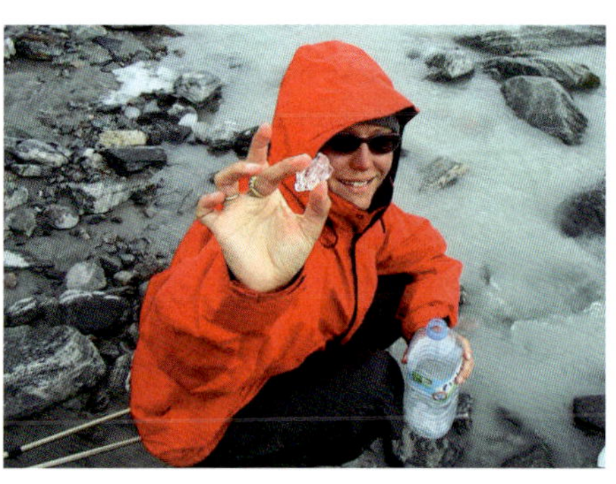
Trinkwasser ultraleicht

▷ Stellen Sie sicher, dass Sie nicht unnötig viel Wasser verlieren. Vermeiden Sie übermäßiges Schwitzen, ziehen Sie sich nicht zu warm an. Schützen Sie sich vor direkter Sonneneinstrahlung.

▷ Planen Sie Ihre Tagesetappen so, dass Sie dort campieren, wo sich Ihr Wasservorrat wieder auffüllen lässt: an einem Bach, einem Seeufer oder in der Nähe einer Siedlung. Ein „Trockencamp" schlage ich nur dann auf, wenn dieser Platz seinen Wassermangel durch andere Vorteile wieder wettmacht (Panoramablick, ebener Untergrund oder Sicherheit vor Steinschlag).

Wasseraufbewahrung

Herkömmliche Trinkflaschen aus Aluminium sind für ultraleichtes Trekking nicht geeignet. Modelle mit einem Fassungsvermögen von 1,5 l wiegen bis zu **200 g**. Bei Isolierflaschen ist das Verhältnis von Volumen und Gewicht noch schlechter. Die vergleichsweise leichte 0,9-l-Isolierflasche *Thermos Ultimative MK II* (💻 thermos.eu) bringt **386 g** auf die Waage. Für heißen Tee während einer Wintertour sicherlich überlegenswert, ansonsten aber viel zu schwer.

Die leichte Alternative zu festen Flaschen sind **Wasserbeutel** oder **Faltflaschen**. Sie haben eine ganze Reihe von Vorteilen. Im Rucksack lassen sie sich durch ihre Flexibilität leicht verstauen, sie beanspruchen nur so viel Platz, wie ihr Inhalt einnimmt, und im leeren Zustand werden sie ganz klein zusammenrollt. Außerdem lässt sich die Luft über der Flüssigkeit herausdrücken. Dann schwappt das Wasser während des Tragens nicht hin und her.

Produktbeispiele:

- ▷ *Ortlieb Water-Bag*, **80 g**, 2 l Volumen. Sehr stabiler, PU-beschichteter Nylon-Beutel. Verschluss mit Dosierventil. Luftgefüllt auch als Kopfkissen nutzbar. 💻 www.ortlieb.com
- ▷ *Platypus Platy Flasche*, **36 g**, 2 l Volumen. Das Schnabeltier ist eine BPA-freie Faltflasche mit lebensmittelechter Innenbeschichtung. Geschmacksneutral und praktisch unverwüstlich. 💻 www.platy.com
- ▷ *Evernew Water Carry*, **42 g**, 2 l Volumen. Im Vergleich zur *Platy Flasche* noch robuster. 💻 evernew-global.com
- ▷ *PET-Pfandflasche*, **48 g**, 1,5 l Volumen. Das preiswerteste Aufbewahrungsmittel sind handelsübliche Kunststoffflaschen für Mineralwasser und Softdrinks. Sie sind robust und aus hygienischer Sicht die beste Lösung. Nehmen Sie einfach für jede Tour eine neue Flasche und geben Sie die alte zurück in den Pfandkreislauf.
- ▷ *Aluminium Spout Pouches*, ab **4 g**, 0,05 bis 1 l Volumen. Aluminiumbeschichtete Faltflaschen mit Standboden und Ausgießer eignen sich ideal für kleine Mengen Flüssigkeit – sei es Brennspiritus, Rotwein oder Hochprozentiges. 💻 www.aliexpress.com

☺ Tipps:

- ▷ **Trinkverschlüsse**, wie man sie bei vielen Sportgetränken findet („Hartplastikschnuller"), haben einen Durchmesser von 28 mm und passen auf das Verschlussgewinde der *Platypus*- und *Evernew*-Faltflaschen. So kommen Sie noch schneller an Ihr Wasser heran.
- ▷ Viele Hersteller versprechen zwar, dass die Beschichtung Ihrer Behälter „geschmacksneutral" sei, aber meiner Erfahrung nach funktioniert das nur kurze Zeit. Schnell setzen sich in den mikroskopisch kleinen Poren Bakterienkulturen fest. Dadurch leidet der Geschmack des Wassers und gesund ist das Ganze sicher auch nicht. Spezialtabletten helfen in diesem Fall bei der Reinigung von Trinkflaschen. Preiswerter sind **Reinigungstabletten** für die dritten Zähne, die nach dem gleichen Prinzip funktionieren.

Wer es komfortabel mag, der verwendet ein **Trinksystem**. Das ist ein stabiler Plastikbeutel mit einem Anschluss für einen Trinkschlauch. Die mit Wasser gefüllte Blase verschwindet dann im Rucksack. Der Schlauch bleibt draußen und wird mit einem Clip so befestigt, dass sein Mundstück stets in Reichweite ist. Das Trinken ist auf diese Weise jederzeit möglich, ohne dass Sie bei der Wanderung den Rucksack absetzen müssen.

▷ *Deuter Streamer,* **160 g**. 2 l Fassungsvermögen, mit patentiertem Klemmverschluss, durch den sich der Beutel weit öffnen und gut reinigen lässt. 💻 www.deuter.com

▷ *Source Convertube,* **85 g** mit Adapter. Macht aus *PET-Pfandflaschen* ein komplettes Trinksystem mit Schlauch und Beißventil. 💻 sourceoutdoor.com

▷ *Hydrapak UltraFlask 500 ML,* **42 g**. Faltflasche mit großer Öffnung und kurzem Schlauch mit Beißventil. Ideal für Rucksacktaschen am Schultergurt. 💻 hydrapak.com

▷ *Trinkschlauch selbst gebaut,* **20 g**. Im Fachhandel für Aquaristik bekommt man für wenige Euro einen dünnen PE-Schlauch mit 4 mm Innendurch messer, der sich als Luftschlauch für die Wasserbelüftung verwenden lässt. Als Mundstück dient ein kleines Rückschlagventil (z. B. von Tetra).

☺ Nützliche Tipps zum Umgang mit dem kostbaren Element:

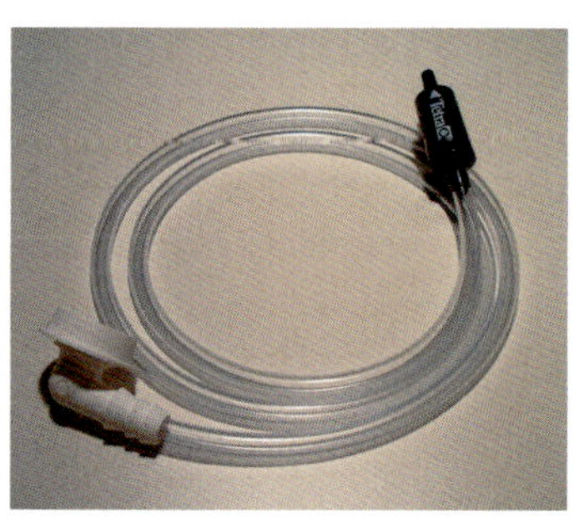

Selbstgebauter Trinkschlauch

▷ Zur Erhaltung der Leistungsfä higkeit ist es wichtig, regelmäßig und frühzeitig zu trinken. Am besten bereits dann, wenn man noch kein Durstgefühl verspürt. Mit einem Trinkschlauch ist das kein Problem. Müssen Sie die Wasserflasche erst umständlich aus dem Rucksack hervorkramen, siegt oft die Faulheit und Sie trinken zu selten und zu spät. Bewahren Sie das Wasser dort auf, wo es leicht zugänglich ist, zum Beispiel in den Seitentaschen am Rucksack oder im Hauptfach ganz oben.

▷ Wenn Sie einen Rucksackliner verwenden, dann achten Sie darauf, dass sich Wasser und Brennstoff außerhalb des Liners befinden. Nur so bleibt die Ausrüstung auch dann geschützt, wenn etwas auslaufen sollte.

▷ Bakterien vermehren sich weniger schnell, wenn Sie das Wasser dem Sonnenlicht aussetzen. Besteht der Wasserbehälter aus durchsichtigem Material, bewahren Sie ihn wenn möglich außen am Rucksack auf.

Wasserreinigung

In besiedelten Gebieten ist es kein Problem, seinen Wasservorrat aufzufüllen. Wo Menschen leben gibt es auch Trinkwasser, und wenn man freundlich fragt, wird man nirgends abgewiesen. Doch selbst hochwertiges Trinkwasser ist nicht gänzlich frei von **Krankheitserregern**. In geringer Zahl kann der Körper die kleinen Feinde aber abwehren. Deshalb gilt auch: „The solution to pollution is dilution." Frei übersetzt: „Alles eine Frage der Konzentration."

Die reizvollsten Trekkingtouren verlaufen allerdings oft fernab der Zivilisation, wo man auf „wildes Wasser" angewiesen ist. Auch das kann völlig unproblematisch sein. In weiten Gebieten Nordeuropas lässt sich das Wasser aus Flüssen und Seen auch heute noch bedenkenlos trinken, ohne dass Sie eine Infektion befürchten müssten.

In anderen Gegenden lauern im Wasser aber die unterschiedlichsten Gefahren und dann ist eine Vorbehandlung unumgänglich. Und nur wer weiß, mit welchen Schadstoffen und Erregern er es dabei zu tun hat, kann sich wirkungsvoll davor schützen. Ordnet man die unerwünschten Inhaltsstoffe im Wasser nach ihrer ungefähren Größe, so erhält man die folgende Fahndungsliste:

▷ **Schwebstoffe** (ca. 0,1 mm). Dazu gehören Erde, Schlamm, Gletschersedimente, Algen etc. Derartige Schwebstoffe trüben das Wasser ein. Sie selbst sind meist unbedenklich, dienen aber oft als Nährboden und Trägersubstanz für Bakterien.

▷ **Parasiten und Protozoen** (ca. 0,01 mm). Ein- und mehrzellige Erreger, die Krankheiten wie Ruhr (Amöben), Bilharziose (Hakenwürmer) oder Darminfektionen (Giardia) verursachen. Gelangen oft durch Exkremente ins Wasser.

▷ **Bakterien** (ca. 0,001 mm). Einzellige Organismen, die Typhus, Paratyphus, Cholera, Magen- und Darminfektionen (Salmonellen), Influenza etc. verursachen. Es gibt allerdings auch viele für den Menschen nützliche Bakterien.

▷ **Viren** (ca. 0,0001 mm). Viren sind eigentlich keine richtigen Lebewesen, sondern vermehren sich durch Wirtszellen. Sie verursachen Krankheiten wie Hepatitis, Polio oder Ebola. Viren werden nur selten durch Wasser übertragen.

▷ **Chemikalien** (0,000001 mm und kleiner). Düngemittelrückstände, Industrieabfälle, Schwermetalle etc. Sie verursachen meist keine akuten Krankheiten, sondern führen – was fast noch schlimmer ist – zu schleichenden Vergiftungen und Langzeitschäden.

Wann immer es geht, sollten Sie versuchen, optisch klares Wasser zu bekommen. Sämtliche nachfolgend beschriebenen Entkeimungsmethoden („Keime" ist ein Sammelbegriff für Protozoen, Bakterien und Viren) funktionieren nur zuverlässig, wenn das Wasser frei von Schwebstoffen ist.

Steht nur eine „trübe Brühe" zu Verfügung, müssen Sie das Wasser zunächst vorfiltern. Die im Fachhandel erhältlichen Vorfilter sind meist Teil schwerer Keramikfilter. Als Ultraleicht-Alternative bieten sich die zwei folgenden Methoden an, die sich auch nacheinander anwenden lassen:

▷ Lassen Sie das Wasser im Kochtopf oder einem anderen Gefäß ruhig stehen, bis sich die Schwebeteilchen abgesetzt haben. Danach vorsichtig abgießen. Diese Methode funktioniert gut bei anorganischen Sedimenten, wie sie in Gletscherflüssen recht häufig sind.

▷ Filtrieren Sie das Wasser mithilfe eines **Kaffeefilters**. Diesen sollten Sie aber nach jedem Gebrauch ersetzen, da sich Erreger dort einnisten und vermehren können. Für den Filtriervorgang benötigt man nicht unbedingt einen entsprechenden Trichter. Sie können die Filtertüte auch einfach in der Hand halten, ohne dass sie kaputt geht. Die Filtertüten bewahren Sie wassergeschützt in einer kleinen Ziplock-Tüte auf.

Zum eigentlichen Entkeimen bieten sich mehrere Methoden an:

▷ **Abkochen**. Einfach und sicher. Tötet neben Bakterien auch Protozoen ab und inaktiviert Viren. Aber Abkochen ist sehr zeitaufwendig, es kostet viel Brennstoff und damit auch Gewicht. Daher würde ich diese Methode nur in Verbindung mit einem Holzfeuer anwenden.

▷ **Mechanische Filter**. Es gibt eine Reihe vergleichsweise leichter Wasserfilter. Die bestehen meist aus einer Hohlfasermembran oder einem Keramikelement, manchmal ergänzt durch eine Aktivkohlestufe. Diese Filter haben eine Porengröße von maximal 0,0002 mm und halten somit Bakterien und alle größeren Bestandteile zurück. Ist das Wasser trübe, verstopfen die Poren allerdings leicht und müssen dann gereinigt werden.

Produktbeispiele:

▷ *Katadyn BeFree*, **63 g**. Faltflasche mit 1 l Volumen und integriertem Wasserfilter. 💻 www.katadyn.com

▷ *Sawyer Squeeze SP129*, **138 g**. Bewährter Wasserfilter mit Faltflasche, Adaptern und Reinigungsspritze. Kompakter und leichter, aber nicht ganz so robust ist der *Sawyer Micro Squeeze SP2129* (102 g).
💻 sawyer.com

▷ *MSR Trail Shot*, **142 g**. Schneller Filter mit Pumpe und Schmutzwasserschlauch. 💻 www.msrgear.com

▷ *Vestergaard LifeStraw Personal*, **57 g**. Trinkhalm-Wasserfilter, mit dem man theoretisch aus jedem Tümpel trinken kann. Nur für den Notfall, da man das Wasser schluckweise ansaugt.
💻 www.lifestraw.com

▷ **UV-Licht**. In der industriellen Trinkwasseraufbereitung seit Jahren im Einsatz, seit einigen Jahren auch für Outdoor-Anwendungen verfügbar:

▷ *Steripen Adventurer Opti*, **103 g** mit CR123-Batterien. Entkeimt 1 l Wasser in 90 Sekunden. Voraussetzung: Das Wasser ist klar.
💻 www.katadyn.de

▷ **Chemische Mittel**. Der leichteste Weg, um Wasser zu desinfizieren, ist die Anwendung von Präparaten, die auf **Silber**, **Chlor**, **Iod, Sauerstoff** oder einer Kombination dieser Stoffe basieren. Chlor verursacht schlechten Geschmack, der sich aber neutralisieren lässt. Iod ist in Deutschland als Desinfektionsmittel nicht zugelassen, da das Element im Körper verbleibt und als gesundheitsschädlich gilt (in den USA dagegen erlaubt). Zusätzliche Silberionen halten das desinfizierte Wasser längere Zeit keimfrei.

Produktbeispiele:

▷ *Micropur Forte,* 100 Tabletten für 100 l, **10 g**. Kombiniert Silberionen mit Chlor. Tötet bei entsprechender Einwirkzeit (2 Std.) auch Protozoen und Viren. Bei trübem Wasser in Kombination mit einem Filter einsetzen.
💻 www.katadyn.de

▷ *Aquamira Water TreatmentMcNett (auch McNett Aquaventure,* **70 g**. Geschmacksneutrale, aber in Europa kaum noch erhältliche Universalwaffe gegen Feinde im Wasser. Zwei Fläschchen à 30 ml, ausreichend für 120 l Wasser. Beim Mischen erzeugen die beiden Komponenten Sauerstoff, der sogar Amöben und Zysten abtötet. Wärme und Sonnenlicht beeinträchtigen die Wirkung, daher tief im Rucksack verstauen.
💻 www.aquamira.com

Fazit: Für den Ultraleichteinsatz ist *Aquaventure* meist die beste Wahl. Die beiden Fläschchen reichen bei einem Tagesverbrauch von 3 l Wasser pro Kopf für rund 20 Tage zu zweit.

Der beliebte *Sawyer Squeeze SP129* Wasserfilter eliminiert Bakterien ganz ohne Chemie, wiegt aber auch doppelt so viel. Sein Einsatz lohnt sich vor allem auf besonders langen Touren. Aber wer kann es sich schon leisten, mehrere Monate unterwegs zu sein?

Proviant

Auf langen Trekkingrouten macht der Proviant oft den größten Teil des Rucksackgewichts aus. Beim Abmarsch oder wenn man zwischendurch seine Vorräte aufgefüllt hat, ist sein Gewicht am größten. Bei Ankunft am Ziel sollten die Vorräte weitgehend aufgebraucht sein. Genau wie beim Brennstoff ist eine gute Planung auch hier die beste Maßnahme, um überflüssige Schlepperei zu vermeiden. Darüber hinaus lassen sich durch geschickte Auswahl der Nahrung und Umverpacken ebenfalls unnötige Kilogramm einsparen. Mithilfe einiger Grundkenntnisse der Ernährungslehre gelingt Ihnen das leichter. Deshalb zunächst etwas Theorie.

Unsere Nahrung ist aus verschiedenen Bestandteilen zusammengesetzt, die unterschiedliche Funktionen im Körper erfüllen:

▷ Kohlenhydrate, ca. **4 kcal/g**. Dazu gehören Zucker und Stärke. Kohlenhydrate liefern schnelle Energie, die sofort für sportliche Leistung verfügbar ist. Enthalten in Brot, Früchten, Reis, Kartoffelprodukten, Schokolade etc. Kohlenhydrate sind der wichtigste Treibstoff für den Körper, auf Trekkingtouren und im normalen Leben.

▷ Eiweiß, ca. **4 kcal/g**. Eiweiße dienen zwar auch der Energieversorgung, sind aber in erster Linie für den Muskelaufbau und die Regeneration des Körpers erforderlich. Enthalten in Eiern (daher ja auch der Name), Eipulver, Milchpulver, Fleisch, Käse, Hülsenfrüchten und Nüssen. Eiweiß benötigt zur Verdauung mehr Wasser als Kohlenhydrate.

▷ Fett, ca. **9 kcal/g**. Fett enthält pro Gewichtseinheit mehr als doppelt so viele Kalorien wie Kohlenhydrate oder Eiweiß. Es liefert lang anhaltende Energie, die aber nicht so rasch zur Verfügung steht. Für Ausdauersportarten wie Trekking ist das optimal. Wichtige Fettlieferanten sind dabei Schmalz, Öl, Käse, Nüsse und Milchpulver.

▷ Ballaststoffe, ca. **0-1 kcal/g**. Ballaststoffe werden vom Körper nicht verwertet, sondern unverdaut wieder ausgeschieden. Trotz ihres Namens sind sie aber keineswegs nur Ballast, sondern wichtig für eine gute Verdauung und einen gesunden Darm. Über längere Zeit sollte man deshalb ausreichend Ballaststoffe zu sich nehmen.

▷ Mineralstoffe, Spurenelemente, Vitamine, ca. **0 kcal/g**. Keine Energielieferanten, aber unverzichtbar für das Funktionieren der „Maschine Mensch". Für Touren, die nicht länger als zwei oder drei Wochen dauern, müssen Sie keine Vitaminpräparate mitnehmen. Spurenelemente sind auch in Fertignahrung ausreichend enthalten. Auch spezielle Mineraltabletten sind nur erforderlich, wenn über längere Zeit nur Schnee oder Schmelzwasser zur Verfügung steht. Eine Filmdose voll Kochsalz habe ich allerdings auf jeder Tour dabei, schließlich ist der Salzbedarf erhöht, wenn man viel schwitzt.

Die Deutsche Gesellschaft für Ernährung empfiehlt als ideale Nahrung eine Zusammensetzung aus 55 % Kohlenhydraten, 30 % Fett und 15 % Eiweiß. Offenbar gilt dies aber nicht für Menschen, die mit ihrem Körpergewicht weit entfernt von Ultraleicht liegen. Ärzte, Fitnesspäpste und Diätexperte empfehlen hier eher „Low Carb", „Low Fat", „High Protein" und andere fragwürdige Diäten.

Auch die Inuit in Grönland halten sich nicht an moderne Ernährungsregeln. Sie leben fast nur von Fisch (Eiweiß und Fett). Die Bewohner der Anden in Südamerika dagegen essen praktisch nur Getreide (Kohlenhydrate). Beide Völker sind völlig gesund und leiden nicht an Mangelerscheinungen.

Daran zeigt sich, dass man Ernährungstheorien nicht überbewerten sollte. Der menschliche Körper ist extrem anpassungsfähig und so eingerichtet, dass er auch noch ausgezeichnet funktioniert, wenn er nicht jeden Tag die perfekte Kombination vollwertiger Nahrungsmittel bekommt.

Ich selbst habe einmal versucht, das ideale Trekkingproviant zusammenzustellen. Zunächst also akribisch notiert, was in jeder Packung Kartoffelbrei und in jedem Müsliriegel an Kohlenhydraten, Eiweiß und Fett enthalten war, dann alles abgewogen, in Kalorien umgerechnet und addiert, anhand meines Körpergewichts und der geplanten Wegstrecke meinen zu erwartenden Energiebedarf ermittelt und dann durch geschickte und zugegebenermaßen etwas langwierige Mengenanpassungen die optimale Nährwertverteilung sichergestellt. In tiefem Vertrauen in die Planbarkeit der Dinge bin ich schließlich losgezogen.

Das Ergebnis war ernüchternd: Ich hatte viel zu viel mitgenommen und bin mit mehr als 30.000 kcal im Gepäck wieder nach Hause gekommen. Noch schlimmer: Manche Sachen wie Schokolade hatte ich schon nach ein paar Tagen aufgegessen, das Kilo Milchpulver hingegen war nur unnötiger Ballast. Ich hätte genauso gut einen Sandsack einpacken können.

Essen lässt sich eben doch nicht allein aufs Kalorienzählen reduzieren. Genuss und individuelle Bedürfnisse zählen mehr als die Nährwertangaben der Verpackungen. Manche Trekker sind unterwegs kaum satt zu bekommen (wenn Sie zu dieser Gruppe gehören, mein Beileid, denn das müssen Sie ja auch alles schleppen). Andere essen eher weniger und zehren von körpereigenen Energiereserven (also dem Fett „außerhalb des Rucksacks"). Was und wie viel Sie mitnehmen sollten, müssen Sie selbst herausfinden.

Die beste Methode dafür: ausprobieren, verändern, ausprobieren, wieder verändern usw. Deshalb habe ich als Anregung für Ihre eigenen Experimente in den folgenden Abschnitten zusammengestellt, welche Lebensmittel ich als Proviant auf meinen Trekkingtouren mitnehme und warum. Zuvor jedoch einige Grundregeln zur Auswahl ultraleichter Nahrung.

Ultraleicht essen

Einfach und schnell. Nach einem harten Wandertag hat man oft nur eins im Sinn: Essen, und zwar so viel, so heiß und so schnell wie möglich. Einfache Gerichte, die man nicht lange kochen muss, sparen Zeit, Brennstoff und Gewicht.

Trockennahrung. Der beste Weg, um das Gewicht des Proviants zu reduzieren. Frische Lebensmittel enthalten sehr viel Wasser – Brot über 40 %, Obst bis zu 90 %. Trocknen oder Dörren reduziert das Gewicht auf einen Bruchteil. Viele getrocknete Nahrungsmittel sind im Handel als Fertigprodukte erhältlich (Dörrobst, Milch- und Eipulver etc.).

Selbst machen geht aber auch. Dazu reicht ein Backofen oder – bei größeren Mengen – ein spezielles Dehydrier- oder Dörrgerät. Weitere Vorteile getrockneter Nahrungsmitteln: Sie sind lange haltbar, Vitamine und Vitalstoffe bleiben erhalten, und sie nehmen im Rucksack nur wenig Platz weg.

☺ Ernährt man sich längere Zeit von Tütennahrung, überkommt einen gelegentlich die Lust nach etwas „Frischem". Ein Stück Ingwerwurzel lässt sich gut transportieren und durch ihren intensiven Geschmack reicht Ihnen eine kleine Knolle, um viele Mahlzeiten damit aufzupeppen.

Frisches zuerst essen. Frische und stark wasserhaltige Nahrungsmittel müssen nicht automatisch ein Gewichtsnachteil sein. Wenn man sie verzehrt, bevor man die nächste Gelegenheit zum Wasserauffüllen erreicht, hätte man die in ihr enthaltene Flüssigkeit sowieso mitnehmen müssen.

Nur Essbares. Bananenschalen oder Apfelkerngehäuse sind nutzloser Ballast. Viele Früchte gibt's auch in getrockneter Form. Nehmen Sie Bananenchips oder getrocknete Apfelringe mit.

Optimieren. Finden Sie durch Versuch und (hoffentlich seltenen) Irrtum heraus, wie viel Proviant Sie auf Ihren Touren benötigen, worauf Sie Lust und Appetit haben, und was Ihnen unterwegs nicht schmeckt. Probieren Sie bei jeder Tour etwas Neues aus. Ziehen Sie Bilanz, wenn Sie wieder zu Hause sind. Wie viele Kalorien haben sie tatsächlich pro Tag benötigt? Welche Dinge waren schon nach kurzer Zeit aufgegessen, welche waren „Rucksackhüter"?

Kombinierbar. Auch hier gilt das Prinzip der Mehrfachverwendung im Sinne von „vielfältig einsetzbar und variierbar". Haferflocken kann man als Müsli zubereiten oder einer Suppe damit mehr Substanz verleihen. „Neutrale" Trekkingkekse schmecken pur genauso gut wie mit Pemmikan oder zusammen mit einem Stück Schokolade. Wenige, immer wieder neu kombinierte Nahrungsmittel erfordern weniger separate Verpackungen und sparen deshalb Gewicht.

Vormischen. Bestimmte Sachen lassen sich vorab mischen: Kaffee mit Milchpulver/Kaffeeweißer und Zucker, Müsli mit Milchpulver und Kakao. So sparen Sie sich den Aufwand bei der Zubereitung, und entledigen sich separater Behälter für die einzelnen Zutaten.

Lange Haltbarkeit. Normale Nahrung wie Brot, Käse und Wurst verdirbt leicht, vor allem bei feuchtwarmem Wetter. Dann ist es doppelt schade, weil man das Zeug umsonst getragen hat. Lassen Sie solche Produkte lieber gleich zu Hause.

Proviant neu verpackt

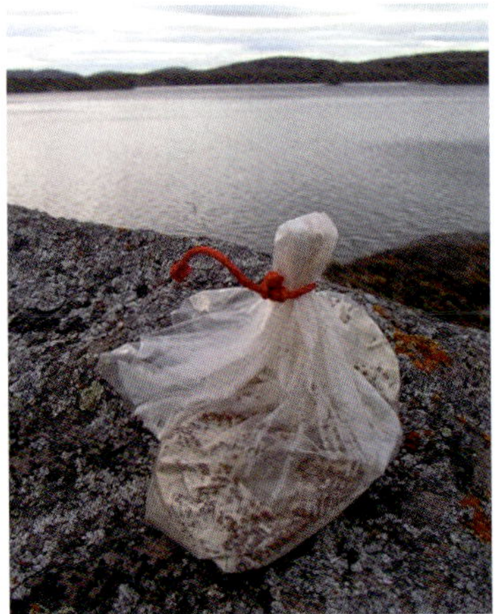

Neu verpacken. Es ist klar, dass Konservendosen, schwere Glasbehälter und voluminöse Verpackungen nicht in den Trekkingrucksack gehören. Besser sind Plastiktüten mit Ziplock-Verschluss, in die ich praktisch alles verpacke, was nicht sowieso schon ultraleicht eingepackt ist. Ebenso praktisch:

Filmdosen für Salz, Pfeffer und Gewürze. (Allerdings sollten Sie sich beeilen. Mit dem Siegeszug der Digitalkameras sterben die nützlichen kleinen Behälter wohl bald aus.)

Für Flüssigkeiten gibt es *Mini-Dropper* oder kleine Flaschen aus Polyethylen, wie das *Coughlans Flaschenset* (💻 www.coghlans.com), das zudem zwei kleine Dosen für Medikamente, Vitaminpillen oder Ähnliches enthält. Sehr praktisch sind auch kleine Kunststoffbehälter mit Schraubdeckel, etwa Vitamin-C-Dosen oder Salbentöpfchen aus der Apotheke, die es in vielen unterschiedlichen Größen gibt.

Mehr Fett. Schweres Essen ist ultraleichtes Essen. Was zunächst paradox klingt, ist leicht zu verstehen. Je mehr Kalorien pro Gewichtseinheit die Nahrung enthält, umso weniger muss man mitnehmen, um seinen Kalorienbedarf zu decken. Normalerweise sollte die Nahrung bei Ausdauersportarten etwa 25 % Fette enthalten. Sinken die Temperaturen unter den Gefrierpunkt oder möchte man Gewicht sparen, erhöht man diesen Anteil auf 40 % und mehr. Das heißt allerdings nicht, dass man nun kiloweise Butter oder Schmalz verdrücken muss. Nüsse, Sonnenblumenkerne oder Kokosraspeln sind genauso gehaltvoll und die perfekte Nahrung für den Trail.

Bei Kälte ist der Fettbedarf des Körpers höher. Der Grund: Die Verdauung von Fetten benötigt sehr viel Energie und erzeugt dadurch Abwärme, die den Körper warm hält. Nach einem anstrengenden Tag hockt man oft durchgefroren, zitternd und mit feuchter Kleidung vor dem Zelt und wünscht sich nichts sehnlicher als eine lange, heiße Dusche. Dann wirkt eine warme, fettreiche Mahlzeit wahre Wunder und nach zehn Minuten ist die Welt wieder in Ordnung.

Falls Sie noch skeptisch sind: Es ist immer wieder erstaunlich, wie sich die Gelüste beim Leben in freier Natur ändern. Der Körper stellt sich innerhalb kürzester Zeit auf die veränderten Bedingungen ein. Vor Fett triefendes Essen, das man zu Hause kaum anrühren würde, verschlingt man beim Trekking mit dem größten Appetit und muss noch nicht einmal Angst haben, dass man dabei zunimmt.

Morgens – tagsüber – abends. Morgens sollte man sich reichhaltig und kohlenhydratreich ernähren. Ein ausgiebiges Frühstück hilft, die ersten Stunden des Tages ohne Hungerloch zu bewältigen.

Ist man erst einmal aufgebrochen, hat man meist keine Lust mehr, mittendrin ein ausgiebiges Mittagessen oder gar eine Siesta zu veranstalten. Die Gründe dafür sind vielfältig. Den einen plagt vielleicht die innere Unruhe, dass er sein Tagesziel noch nicht erreicht hat. Der andere will in der Mittagspause nicht die Hälfte seiner Ausrüstung ausbreiten und wieder einpacken. Und der dritte ist warmgelaufen und hat einfach kein Bedürfnis auf etwas Heißes. Deshalb ernähren sich die meisten Trekker tagsüber von „Trailfood": kleine Snacks, Müsli- und Energieriegel, Nüsse, Rosinen, Schokolade, Kekse, Beef-Jerky usw.

Abends, wenn man das Lager aufgeschlagen hat, wird das Versäumte dann nachgeholt. Hier ist es wichtig, warm, reichlich, energiereich und fetthaltig zu essen. Das ist die ideale Vorbereitung für eine angenehme und erholsame Nacht im Schlafsack.

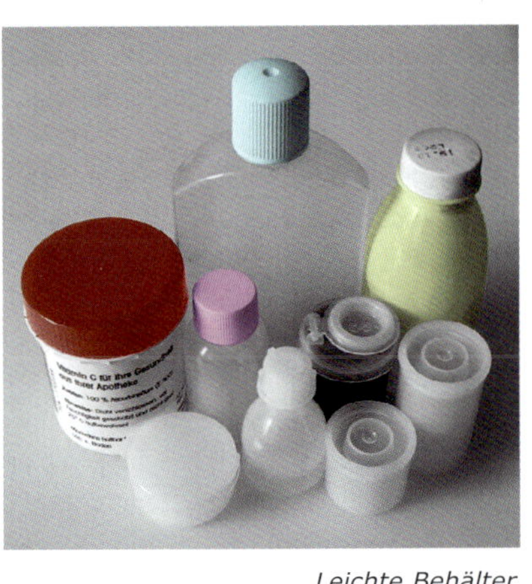

Leichte Behälter

☺ Nahrung aus der Natur? Pilze, Kräuter, Früchte oder Fische? Wäre es nicht ideal, auf mitgebrachtes Essen zu verzichten und sich von dem zu ernähren, was die Natur so hergibt?

Kurz gesagt: Vergessen Sie's! In unberührter Natur müssten Sie wahrscheinlich den ganzen Tag mit der Nahrungssuche verbringen und würden dann immer noch nicht genügend Essbares finden. Pilze und Kräuter enthalten sowieso kaum Kalorien, ebenso wie die meisten Fischarten. Nur Lachs und Aal bieten genügend Nährwert, damit sich ein Fang lohnt.

Andererseits bereichern unterwegs gesammelte Pflanzen und Kräuter Ihren Speiseplan. Manch eintöniges Fertiggericht machen sie sogar zu einem kleinen Festmahl. Eine gute Einführung zu diesem Thema bietet:

📖 **Essbare Wildpflanzen** von Hartmut Engel & Iris Kürschner, OutdoorHandbuch *Basiswissen für draußen*, Band 5, ISBN 978-3-86686-393-4, € 9,90

Proviantbeispiele

Die folgende Auflistung enthält nur Nahrungsmittel, die ich selbst gerne mag und die sich auf meinen bisherigen Touren gut bewährt haben. Mein Ziel ist nicht, Ihnen den Speisezettel zu diktieren. Ich möchte Ihnen vielmehr Anregungen geben, was man mitnehmen kann, worauf man achten sollte und wie Sie die Nahrung variieren und kombinieren. Es ist gut möglich, dass Ihre Ernährungsbedürfnisse und Ihr Geschmack völlig anders sind. Aber das werden Sie selbst herausfinden.

Falls Sie weitere Anregungen brauchen:

📖 **Kochen aus Rucksack und Packtasche** von Nicola Boll, OutdoorHandbuch *Basiswissen für draußen*, Band 8, ISBN 978-3-86686-693-5, € 10,90

📖 **Vegetarisch kochen** von Michael Hennenmann, OutdoorHandbuch *Basiswissen für draußen*, Band 466, ISBN 978-3-86686-674-4, € 9,90

▷ *Müsli*, **300-350 kcal/100 g**. Nehmen Sie ein Müsli, das Ihnen auch sonst gut schmeckt. Ich selbst verwende gerne eine Mischung mit einem hohen Anteil an Trockenfrüchten. Der Fruchtzucker geht schnell ins Blut und versorgt den Körper zügig mit Energie.

Praktisch ist es, wenn Sie Milchpulver (erhältlich in Reformhäusern, Supermärkten oder bei 💻 www.backstars.de) schon fertig dazumischen. Dann brauchen Sie morgens nur noch Wasser hinzugeben und fertig ist das Frühstück. Dosierung nach Belieben. Nehmen Sie Vollmilchpulver, es enthält besonders viel Fett. Hier mein Lieblingsrezept:

Monis Morgen-Müsli:
500 g Fertigmüsli
250 g Walnüsse
100 g Milchzucker (unterstützt die Verdauung)
250 g getrocknete, klein geschnittene Feigen
250 g Vollmilchpulver

▷ *Löslicher Kaffee*, **0 kcal/100 g**. Ohne eine heiße Tasse Kaffee morgens komme und gehe ich nicht auf Touren. Bei Outdoor-Ausrüstern gibt es Kaffeefilterhalter wie den *Mont-Bell O.D. Compact Dripper 2* (**4 g**, 💻 www.montbell.com)

und sogar Espressomaschinen wie die *Wacaco Minipresso GR* (**360 g**, 💻 www.wacaco.com). Alles zu schwer und zu kompliziert! Eine abgemessene Menge lösliches Kaffeepulver ist mir da lieber.

☺ Ein Tipp für die Kaffee-mit-Milch-Trinker: Milchpulver löst sich nur schlecht in heißem Wasser und klumpt schnell zusammen. Geschmacklich ist das keine Beeinträchtigung, aber dann sieht das erste Getränk am Morgen aus, als wäre die Milch sauer geworden. Kein schöner Anblick. Deshalb mische ich schon vor der Reise die entsprechende Menge Kaffeeweißer dem Granulat hinzu.

▷ *Tee*, **0 kcal/100 g**. Teebeutel sind leicht zu transportieren (in Ziplock-Beuteln vor Feuchtigkeit schützen), aber ihre Entsorgung ist etwas unpraktisch. Am einfachsten ist es oft noch, die verbrauchten Teeblätter als Dünger zu verstreuen und den Beutel selbst zu verbrennen. Die Alternative: Lose Teeblätter verwenden, einfach in die Tasse hinein und vor dem Trinken absetzen lassen.

☺ Ein Nylon-Damenstrumpf eignet sich auch als Teenetz. Schneiden Sie ein 10 bis 15 cm langes Stück vom Fußende ab und schlagen Sie dessen Oberkante über den Tassenrand um, dann lässt sich der Tee leichter einfüllen. Weitere Vorteile: Das Nylonmaterial trocknet schneller als herkömmliche Netze aus Baumwolle und ist mindestens 0,005 g leichter. Wer nicht basteln mag, sucht stattdessen im Internet nach einem kleinen *Nussmilchbeutel* aus Nylon.

▷ *Kakaogetränkepulver*, **300-350 kcal/100 g**. Ein lösliches Kakaogetränk (Kaba, Nesquik) ist vielseitig verwendbar. Es verwandelt ein Müsli in ein Schokomüsli und wertet selbst gemischte High-Tech-Nahrung (☞ Spezialnahrung, Seite 93) geschmacklich auf. Als heiße Trinkschokolade ist es abends das ideale Getränk vor dem Einschlafen.

▷ *Gofio*, **ca. 350 kcal/100 g**. Gofio, das Grundnahrungsmittel der kanarischen Küche, war lange Jahre als Arme-Leute-Essen verpönt. In jüngster Zeit ist es aufgrund seiner gesundheitlichen Vorteile zu neuer Popularität gelangt. Es sättigt, ohne dick zu machen, und ist ein vollwertiges Nahrungsmittel. In Deutschland bekommt man es u. a. bei 💻 www.kanarische-lebensart.de. Ansonsten aus dem nächsten Spanienurlaub mitbringen (lassen).

Gofio besteht aus fein geröstetem und dann vermahlenem Getreidemehl. Neben Weizen, Gerste, Mais und Roggen lassen sich auch Hülsenfrüchte wie Erbsen, Bohnen und sogar Lupinen verwenden. Das Mehl wird entweder mit Milch oder Wasser nach Belieben zu einem Brei oder einer knetartigen Masse angerührt. Mit Honig, Zucker oder Fruchtsaft lässt sich Gofio ebenso verarbeiten. Man kann daraus Fladen formen und diese dann braten. Auch als Suppeneinlage oder zum Andicken ist das Mehl verwendbar. Ein Argument für Gewichtsparer: Es gibt viele Zubereitungsarten, die kein Erhitzen und damit keinen Brennstoff erfordern.

▷ *Nüsse, Studentenfutter,* **600-700 kcal/100 g**. Entweder gekauft oder selbst gemischt. Noch abwechslungsreicher wird's mit Rosinen, mit Schokolade ummantelten Nüssen oder glasierten Schokolinsen (z. B. *Smarties* oder *M&Ms,* die schmelzen nicht so leicht, wenn's mal warm wird).

▷ *Müsliriegel,* **300-400 kcal/100 g**. Sehr praktisch als Zwischenmahlzeit unterwegs. Vor jeder Tagesetappe deponiere ich einen Vorrat leicht erreichbar in der Rucksackaußentasche. Am besten welche mit einer Oblatenschicht außen, dann verkleben die Finger nicht.

▷ *Bananenchips,* **525 kcal/100 g**. Entweder nebenbei geknabbert oder auch als Variationsmöglichkeit fürs Müsli. Bananenchips enthalten viele Mineralstoffe, unter anderem Kalium, das der Körper bei anstrengender Aktivität benötigt.

▷ *Trekking-Kekse,* **433 kcal/100 g**. Diese Variante ähnelt den „Panzerplatten" der Bundeswehr. Die Kekse schmecken praktisch immer und mit Pemmikan bestrichen sind sie auch als Brotersatz gut verwendbar.
💻 www.trekneat.com

▷ *Gefro Kartoffelsuppe,* **315 kcal/100 g**. Meine Universalwaffe gegen die kalten und durchgefrorenen Momente im Trekkerleben. Einfach in heißes Wasser einrühren, bis die gewünschte Sämigkeit erreicht ist, fertig. Etwas Milchpulver macht sie noch reichhaltiger und Pemmikan sorgt für den nötigen Pep.
💻 www.gefro.de

▷ *Pemmikan*, ca. **800 kcal/100 g**. Die Überlebensnahrung der Indianer und Eskimos. Schmalz, getrocknetes zerstoßenes Fleisch, Zucker und Trockenbeeren werden zusammen erhitzt und gut durchmischt. Danach abkühlen lassen und in Gefrierbeutel füllen. Diese Masse ist Power pur, beachten Sie den Kaloriengehalt! Am besten schmeckt Pemmikan auf Trekking-Keksen, als Zusatz zu Fertigmahlzeiten oder – mein absoluter Favorit – unter Kartoffelbrei gerührt.

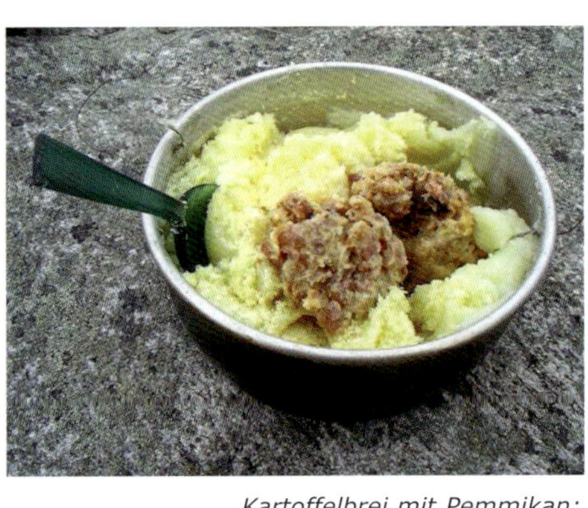

Kartoffelbrei mit Pemmikan: schrecklicher Anblick, traumhafter Genuss

Was sich beim ersten Lesen nicht sehr appetitlich anhört (ein Eindruck, der sich bei der Zubereitung noch verstärkt), wird auf einer Trekkingtour leicht zum Grundnahrungsmittel mit Suchtgefahr. Selbst Leute, die sich vorher weigerten, das Zeug zu probieren, haben es auf Touren lieben gelernt.

Pemmikan ist im Handel etwas in Vergessenheit geraten und inzwischen nur noch als Tiernahrung erhältlich. Mehr Spaß macht es ohnehin, es selbst herzustellen, und billiger ist es obendrein.

Hier ein Rezeptvorschlag:

200 g	Schweineschmalz	250 g	gewürfelten Schinken
50 g	braunen Rohrzucker	50 g	Rosinen oder Cranberries
100 g	Röstzwiebeln		

Den Schinken auf einem Backblech ausbreiten und im Ofen bei rund 100 °C und leicht geöffneter Ofentür soweit trocknen, bis das Fleisch dunkel geworden ist. Das dauert etwa 30 Minuten. Danach das Schweineschmalz in einem großen Topf schmelzen und alle Zutaten unterrühren. Alles kurz zum Kochen bringen und abkühlen lassen. Sobald die Masse zähflüssig geworden ist, in Gefrierbeutel füllen und gut verschließen.

Bei Kälte ist Pemmikan mehrere Wochen haltbar. Salz sollte man erst kurz vor dem Verzehr dazugeben, denn Salz zieht Wasser an und verkürzt dadurch die Haltbarkeit.

▷ *Jack Link's Beef Jerky*, **270 kcal/100g**. Proteine pur: getrocknetes mageres Rindfleisch, über Süßapfelholz geräuchert. Auch ungekühlt sehr lange haltbar und somit die leichteste Form, um sich unterwegs mit Fleisch zu versorgen.
💻 www.jacklinks.eu

▷ *Instant-Kartoffelbrei*, **400 kcal/100 g**. Kartoffelbrei gehört zu meinen absoluten Favoriten. Man hört immer wieder, es gäbe erhebliche Geschmacksunterschiede bei Fertig-Kartoffelbrei. Ich selbst kann das nicht nachvollziehen, verschiedene Marken schmecken mir alle gleich gut. Kartoffelbrei spart außerdem Brennstoff. Einfach in heißes Wasser einrühren und etwas salzen. Er wärmt gut und bleibt beim Essen lange heiß.

Das Ganze kann man mit Milchpulver, Pemmikan oder getrockneten Kräutern aufpeppen. Selbst mit kaltem Wasser lässt sich das Instant-Pulver noch in eine genieß- und verdaubare Masse verwandeln.

▷ *Spezielle Trekkingnahrung*, **400-500 kcal/125 g**. Die „*Trekking-Mahlzeiten*" von Marken wie *Travellunch* (💻 www.travellunch.de) oder *Trek'n Eat* (💻 www.trekneat.com) sehen aus wie Fertiggerichte aus dem Supermarktregal. Aber es handelt sich hier um speziell auf Outdoor-Bedürfnisse angepasste Spezialnahrung: hochkalorisch, ausgewogene Nährstoffzusammensetzung und mit Vitaminen und Mineralstoffen angereichert.

▷ *Fertiggerichte aus dem Supermarkt*, **100-250 kcal/100 g**. Schmecken fast genauso gut wie spezielle Trekking-Mahlzeiten, sind aber deutlich preiswerter. Und bisher bin ich von jeder längeren Tour, bei der ich sie dabeihatte, ohne Mangelerscheinungen zurückgekommen.

Meist wähle ich Gerichte nicht nur nach Geschmack aus, sondern auch danach, wie lange sie kochen müssen. Achten Sie auf eine Kochdauer von maximal 8 Minuten. Fertiggerichte, die länger kochen müssen, bleiben im Regal.

Ganz ohne Kochen kommen übrigens fernöstliche Instant-Nudelsuppen (Ramen) aus.

☺ Tipp: Die in den Verpackungen enthaltene Luft nimmt im Rucksack sehr viel Platz weg. So entfernen Sie die lästigen Luftpolster: Einfach mit einer Nadel ein Loch hineinstechen, die Luft herausdrücken und das Loch danach mit einem kleinen Klebestreifen abdichten. So reduziert sich der Stauraum und der Inhalt bleibt dennoch frisch.

▷ *Selbst gebackenes Brot* (*Bannock*), ca. **400 kcal/100 g**. Empfiehlt sich nur, wenn Brennstoff im Überfluss vorhanden ist, also in Waldgebieten oder dort, wo man genügend Tierdung zum Heizen findet.

Die Backmischung am besten schon vor der Tour vorbereiten, also entweder Fertigbackmischung kaufen oder Backpulver bzw. Trockenhefe bereits ins Mehl untermischen. Mit Wasser anrühren, bis ein griffiger Teig entsteht, und im Topf mit Öl, Fett oder Pemmikan zu flachen Fladen ausbacken. Alternativ eine Handvoll Teig um das Ende eines Stocks kneten und direkt über der Glut goldbraun backen (Stockbrot).

▷ *HoneyMunch*, ca. **450 kcal/100 g**. Köstliches Energiekonzentrat für zwischendurch oder als Dessert. Wer *Snickers* mag, dürfte *HoneyMunch* lieben.

100 g	Honig	100 g	Mehl
75 g	Erdnussbutter	50 g	Cornflakes

Alle Zutaten in eine Schüssel geben und das Ganze durchkneten, bis eine gleichförmige Masse entsteht. Enthält circa 10 % Eiweiß, 50 % Kohlenhydrate, 35 % Fett und 5 % Ballaststoffe.

▷ *Haferflocken*, **365 kcal/100 g**. Hafer zählt zu den gesündesten und wertvollsten Getreidearten. Neben seiner leistungssteigernden Wirkung unterstützt er die Regeneration des Organismus. Man sagt ihm sogar positive Auswirkungen auf die Psyche nach („Ihn sticht der Hafer"). Nicht umsonst gehören Haferprodukte zur Grundausstattung jeder Forschungsexpedition.

In Flockenform ist Hafer vielfältig einsetzbar: als Müsli mit Milchpulver und Kakao, in Suppen eingestreut, mit Wasser und Salz aufgekocht als Porridge oder mit Milchpulver und Rosinen als „Pudding".

 Nehmen Sie die „leichtlöslichen" Instantflocken. Die sind zwar nicht so kernig, aber für die genannten Variationen besser geeignet.

Spezialnahrung

Es gibt Situationen und Unternehmungen, bei denen nicht der Geschmack oder Genuss der Nahrung an erster Stelle steht, sondern wo es auf eine einfache Zubereitung und leichte Verdaulichkeit ankommt. Zudem kann es sinnvoll sein, bestimmte Nahrungsbestandteile wie Ballaststoffe zu reduzieren, um weniger häufig sein „Geschäft" verrichten zu müssen. Bei Expeditionen in extremer Kälte ist das angenehmer und unter Umständen auch gesünder, denn so lassen sich Erfrierungen an empfindlicheren Körperteilen vermeiden.

Wintertouren erfordern überproportional viel Brennstoff, denn oft steht nur Eis oder Schnee zur Verfügung. Das Schmelzen verbraucht viel Energie und der Wärmeverlust während des Kochens ist deutlich höher. Da macht es einen großen Unterschied, ob man Spezialnahrung verwendet, die Sie nur mit warmem Wasser anrühren, oder ob man langwieriges Kochen in eisiger Kälte in Kauf nimmt. Leicht verdauliche Nahrung verbraucht zudem weniger Energie für die Verdauung selbst, das macht die „Energieausbeute" insgesamt besser.

Aber auch wenn Sie nicht oberhalb des Polarkreises unterwegs sind, können die folgenden Produkte einen Versuch wert sein.

▷ *Trek'n Eat Peronin Plus,* **428 bis 437 kcal/100 g**. Fertiggetränk mit Orangen-, Vanille- oder Kakaogeschmack. Ähnlich einer „vollbilanzierten Sondernahrung für klinische Zwecke", wie das medizinisch heißt. Darin ist alles enthalten, was der Körper braucht. 💻 www.trekneat.com

▷ *GC Rieber Compact BP-WR Emergency Food,* **486 kcal/100g**. Eigentlich gedacht als lang haltbare Nahrung für Notfälle, ist der Nachfolger der Langzeitnahrung BP-5 auch für Ultraleicht-Trekker einen Versuch wert. Der unaufdringlich angenehme Geschmack erinnert anfangs an Sägemehl. Nach kurzer Gewöhnung schmecken die krümeligen Bauklötzchen aber wirklich gut. Eine 500 g-Packung liefert 2.432 kcal und reicht notfalls für einen Tag. Mit Wasser lässt es sich gut zu einem Brei verarbeiten oder mit Milch anrühren.
💻 www.gcrieber-compact.com

Ein ähnliches Produkt gibt es als *NRG-5 Survivor Notverpflegungs-Riegel* in den *Trek'n Eat Day Ration Packs.*

▷ *Dapisorbin*, ca. **600 kcal/100 g**. Spezialnahrung ist kein billiges Vergnügen. Selber mischen ist günstiger und macht mehr Spaß.

Die folgende Mischung habe ich auf zahlreichen Touren ausprobiert, verbessert und so an meine persönlichen Bedürfnisse angepasst. Ziel war es dabei, eine optimale Expeditionsnahrung zu entwickeln, die sich wie ein Baukastensystem erweitern und anpassen lässt. Im Sommer erhöhe ich die Menge der Kohlenhydrate, im Winter den Fettanteil. Auch die Eiweißkomponente ist wichtig. Auf einer Tour in Norwegen bekam ich nach einer Woche zunehmend Heißhunger auf Eier und Hähnchenfleisch. Ein Zeichen dafür, dass der Proteinanteil meiner dort verwendeten Mischung wohl zu gering war.

Für 1.200 g Dapisorbin brauchen Sie:

▷ 500 g Maltodextrin aus der Apotheke oder überall, wo es Kraftfutter für Bodybuilder gibt, z. B. *Nutricia Maltodextrin* 19, 💻 www.nutricia-metabolics.de
▷ 300 g MCT-Pulver (medium chained triglycerides). Hierbei handelt es sich um besonders leicht verdauliches und gesundes Fett in Pulverform. Bezugsquelle: 💻 nemkur.com
▷ 200 g Proteinpulver, z. B. *Isostar High Protein 90*, 💻 www.isostar.de. Sorgt für die Versorgung des Körpers mit Eiweiß.
▷ 100 g Milchzucker, unterstützt die Verdauungsarbeit. In Drogerien und Reformhäusern erhältlich.
▷ 50 g Calciumcitrat aus der Apotheke sorgt für einen Stoffwechsel mit ausgeglichenem Säure-Base-Haushalt (ähnlich wie das Produkt *Basica*, 💻 protina.com).
▷ 40 g Vitamin C in Pulverform
▷ 10 g Magnesium Granulat, z. B. *Diasporal*, 💻 www.diasporal.de

Alle Zutaten durchmischen und vor Feuchtigkeit geschützt gut verschlossen aufbewahren. Vor dem Verzehr mit wenig Wasser anrühren, bis ein sämiger Brei entsteht. Danach soweit verdünnen wie gewünscht.

☺ Geschmacklich ist Dapisorbin sicherlich kein Höhepunkt. Daher mische ich es normalerweise zum morgendlichen Müsli hinzu. Wenn man mag, verfeinert man es auch mithilfe von Kakaopulver.

Fastenwandern

Da rechnet man tagelang herum, wie sich bei Ausrüstung und Proviant das letzte Gramm Gewicht sparen lässt, vergisst dabei aber nur allzu leicht, dass man auch einen kritischen Blick auf sich selbst werfen sollte. Wer kann schon von sich behaupten, dass er kein Gramm Fett zu viel auf die Waage bringt?

Allerdings sollten Sie die überflüssigen Pfunde nicht unbedingt als unnützen Ballast betrachten, den Sie durch die Landschaft schleppen müssen. Der kleine „Ranzen" hat schließlich jede Menge Geld gekostet und die Fettpolster sind nichts anderes als körpereigene Energiereserven – Proviant für „schlechte Zeiten", den Sie immer dabei haben, der bequem um den Körperschwerpunkt herum verteilt ist, und der ohne aufwendige Verdauungsarbeit sofort zur Verfügung steht. Eigentlich die ideale Nahrung und ultraleichte Energie!"

Dazu ein Beispiel: 100 g Fettgewebe enthalten etwa 70 % reines Fett, also 70 g. Umgerechnet ergibt das 9,3 kcal/g x 70 g = 650 kcal. Bei einem Tagesverbrauch von 3.000 bis 3.500 kcal verbrennt man also jeden Tag etwa 500 g Fettgewebe. Mit nur 3 kg Übergewicht hat man folglich einen Energievorrat für eine ganze Trekkingwoche.

Bei einer Strecke von 20 km pro Tag sind das 140 km pro Woche, das entspricht einem Verbrauch von 2,1 kg Fett auf 100 km. Sie sehen, Ihr Körper läuft sparsamer als jedes Auto!

Was liegt da näher, als das angenehme mit dem Nützlichen zu verbinden und mal eine Fastenwanderkur zu versuchen? Fastenwandern erfordert allerdings etwas Vorbereitung. Man kann nicht einfach loslaufen und den Proviant zu Hause lassen. Stellen Sie sicher, dass die folgenden Voraussetzungen erfüllt sind:

- ▷ Sie sind körperlich gesund und haben sich das vor Ihrer Tour von einem Arzt bestätigen lassen.
- ▷ Sie haben schon einmal unter normalen Umständen gefastet und wissen, wie Ihr Körper und Ihr Geist auf Nahrungsentzug reagieren.
- ▷ Sie wählen eine Gegend und Jahreszeit, wo die Temperaturen deutlich oberhalb des Gefrierpunktes liegen. Während des Fastens läuft der Körper auf Sparflamme, man friert leichter als gewöhnlich.

- ▷ Keine Gefahren unterwegs. Die emotionale Wahrnehmung kann sich beim Fasten verschieben. Gehen Sie deshalb risikolose Touren und vermeiden Sie kritische Situationen.
- ▷ Leichte Routen wählen. Die Fettverbrennung erfolgt langsam. Ihre Ausdauerfähigkeit bleibt deshalb vollständig erhalten oder ist sogar besser. Kurze und intensive Anstrengungen dagegen verträgt der fastende Körper nicht so gut.
- ▷ Während der Tour sicherstellen, dass Ihnen reichlich Wasser zur Verfügung steht. Während des Fastens sollte man mindestens die doppelte Flüssigkeitsmenge einplanen wie üblich.
- ▷ Das Fasten bereits zu Hause einleiten. Die Entleerung des Darms und Umstellung auf die nahrungslose Zeit erfordern Ruhe. Daher erst am dritten Fastentag loswandern.
- ▷ Auch das Fastenbrechen sollte man nicht unterwegs machen. Die Umstellung auf Nahrungsaufnahme belastet den Organismus. Deshalb ist an diesen Tagen Ruhe notwendig.
- ▷ Hygiene ist während des Fastens besonders wichtig. Abbauprodukte scheidet der Körper nicht mehr über den Darm, sondern primär über Haut und Lunge aus. Stellen Sie sicher, dass ausreichend Wasser für die Körperpflege zur Verfügung steht.

Bekleidung

Beim Thema Bekleidung ist es sowohl besonders leicht als auch besonders schwer, Gewicht zu sparen. Einerseits kommen laufend bessere und leichtere Materialien auf den Markt. Andererseits ist es schwer, bei dem riesigen Angebot den Überblick zu behalten. Gore-tex, Paclite, XCR, HyVent, eVent, PreCip, Keprotec, FTC, H2NO, TransActive, Texapore, Clima-tex, G1000, T3000, Function 65, CoolMax, DWR, Supplex, Polartec 100/200/300, Powershield, PowerDry, ThermalPro, Dryskin, Windstopper, FlexShield, Microft, 3XDRY, Technopile, … die Liste ließe sich endlos fortsetzen.

Auch ein zweiter Aspekt erschwert die richtige Kleidungswahl: Normalerweise achtet man kaum auf deren Gewicht. Wer geht schon in einen Laden und fragt bei einer Unterhose: „Was wiegt denn die?" Für die meisten Käufer sind Kriterien wie Markenname, Farbe und modische Trends viel wichtiger. Bei manchen Herstellern steht eher das Design im Vordergrund als die Funktion. Da findet man Jackentaschen, die niemand braucht, abgesetzte verschiedenfarbige Stoffe, die zusätzliche Nähte erfordern und andere Gimmicks, die nur das Gewicht erhöhen oder die Ventilation behindern.

Klar, wer will schon draußen so rumlaufen, dass er sich kaum ins nächste Dorf traut. Doch in der freien Natur ist die Funktionalität eindeutig wichtiger als die neueste Trendfarbe.

Dabei sind die Einsparmöglichkeiten bemerkenswert. Ein konventioneller Satz Kleidung (Unterwäsche, Wanderhemd, Trekkinghose, Fleecepullover, Regenjacke, Regenhose, Schuhe, Socken, Mütze) wiegt ungefähr **4-5 kg**. Eine Ultraleicht-Ausrüstung mit vergleichbarer Funktionalität und Wärmeleistung bringt dagegen nur knapp über **2 kg** auf die Waage.

Wie das möglich ist, zeigt Ihnen dieses Kapitel. Zuvor jedoch einige allgemeine Grundregeln für „leicht bekleidete" Touren.

Das Zwiebelprinzip. Das Drei-Schichten-System ist Ihnen sicher bekannt: Die Basisschicht auf der Haut leitet die Feuchtigkeit ab (Regulation). Die mittlere Schicht nimmt diese Feuchtigkeit auf und dient der Erhaltung der Körperwärme (Isolation). Und die dritte Schicht sorgt für Schutz vor Wind, Regen und Schnee (Protektion). Bei der Zusammenstellung Ihrer ultraleichten Trekking-Bekleidung sollten Sie dieses Prinzip erweitern: Nehmen Sie statt einem dicken Fleece zwei dünne Pullover, die Sie übereinander anziehen. Ziehen Sie anstelle dicker Wandersocken zwei dünne Laufsocken an. Ersetzen Sie dicke Skiunterwäsche durch zwei Lagen dünnes Sommergestrick.

Dadurch wird Ihre Bekleidung noch variabler. Bei intensiver körperlicher Anstrengung ziehen Sie nur eine Lage an und schwitzen dadurch viel weniger. Nachts oder bei großer Kälte verwenden Sie beide Schichten zusammen.

Je mehr dünne Kleidungsschichten Sie nutzen, umso vielseitiger ist ein solches System. Gibt es bei zwei Schichten insgesamt nur drei Möglichkeiten zur Kombination (A, B, AB), sind es bei drei Schichten schon sieben (A, B, C, AB, BC, AC, ABC), bei vier bereits 15 und bei fünf 31 Möglichkeiten.

Kleidung wechseln. Sonne, Regen, Wind, Schnee, Nebel oder Höhenunterschiede schaffen permanent wechselnde Bedingungen, denen sich der Körper anpassen muss. Jeder kennt das: Die Sonne geht unter und schlagartig ist es kalt. Oder man kommt beim Aufstieg auf einen Grat aus dem Windschatten heraus und sofort sinkt die gefühlte Temperatur. Genauso schnell wie die Verhältnisse wechseln, sollten Sie auch Ihre Kleidung anpassen. So verhindern Sie unnötiges Schwitzen oder Auskühlen. Viele dünne Schichten erleichtern Ihnen dabei die Anpassung an die äußeren Gegebenheiten.

Noch stärker als die Witterungsbedingungen bestimmt der Aktivitätslevel, was man anziehen sollte. Schlägt man nach einem anstrengenden Marsch sein Lager auf, sollte man sofort eine warme Jacke überziehen. Andernfalls kühlt man innerhalb weniger Minuten aus und muss sich dann langwierig wieder aufwärmen.

Kleidung waschen. Dünne Kleidungsstücke trocknen viel schneller als dicke. Sind die Wetterbedingungen günstig, kann man täglich seine Sachen waschen, über Nacht zum Trocknen aufhängen und am nächsten Morgen wieder anziehen. Dadurch müssen Sie viel weniger Wechselbekleidung mitnehmen (☞ Hygiene, Seite 132).

Eng und weit. Die Bekleidungsschicht, die Sie direkt am Körper tragen, sollte wirklich körpernah geschnitten sein und direkt auf der Haut aufliegen. Nur dann transportiert sie die Feuchtigkeit von der Haut weg. Bei den äußeren Bekleidungsschichten ist es dagegen besser, wenn sie luftig und weit sind. Damit stellen Sie sicher, dass sich ein wärmendes Luftpolster aufbauen kann und die Isolationsschicht nicht zusammengedrückt wird.

Funktional statt minimal. Manchmal ist die Empfehlung zu hören, genau so viel an Kleidung mitzunehmen, dass sie einen unter den widrigsten zu erwartenden Umständen noch ausreichend wärmt. Dabei vergessen viele, dass ein oder mehrere Kleidungsstücke auch einmal durchnässen, was die Isolationsfähigkeit merklich herabsetzt. Kommt es unter diesen Umständen zu einem Notfall, steht man ohne Sicherheitsreserve da und hat ein Problem.

Deshalb gilt für die Menge an Kleidung die Regel: Zu jeder Zeit sicherstellen, dass Sie genügend trockene Kleidung für die widrigsten zu erwartenden Umstände dabei haben.

Naturfasern meiden. Ausrüstung aus Kunstfasern wie Polyester, Polyamid oder Polypropylen nimmt kaum Feuchtigkeit auf, trocknet extrem schnell und wärmt auch noch in feuchtem Zustand. Außerdem haben die daraus hergestellten

Gewebe das beste Wärme-Gewichts-Verhältnis. Ihr einziger Nachteil ist, dass sie schnell stinken. Antibakteriell ausgerüstete Stoffe sollen diese Geruchsentwicklung zwar verzögern, doch die Biozide sind oft schnell ausgewaschen und belasten Mensch und Umwelt.

Völlig ungeeignet sind Naturfasern. Nass gewordene Baumwolle bekommt man kaum wieder trocken. Normale Wolle hält zwar auch in nassem Zustand warm, ist aber vergleichsweise schwer und scheidet damit aus. Lediglich Merinowolle und Seide sind eingeschränkt zu empfehlen, etwa als Baselayer oder Schlafsack-Inlett.

Mehrfachverwendung. Auch bei Kleidung gibt es viele kreative Möglichkeiten, ihren Nutzen zu vervielfachen. Tragen Sie sie auch im Schlafsack. Das verbessert die Grenztemperatur eines Schlafsacks um bis zu 10 °C und ermöglicht eine Gewichtsersparnis von 200 bis 300 g (☞ Schlafsack, Seite 40).

Nicht zu viel anziehen. Ziehen Sie sich beim Loswandern nicht zu warm an. Sonst sind Sie bereits nach dem ersten Kilometer nass geschwitzt. Lieber nur so viel, dass man das „Ganz schön frisch heute Morgen"-Gefühl verspürt. Nach kurzer Gehzeit sind Sie dann „auf Betriebstemperatur" und fühlen sich pudelwohl.

Aufbewahrung. Achten Sie unbedingt darauf, Ihre Kleidung vor Feuchtigkeit zu schützen. Deshalb empfehle ich Ihnen, sämtliche Wechselbekleidung im Rucksack nochmals separat einzupacken, selbst wenn Sie einen Rucksackliner verwenden (☞ Rucksack, Seite 18). Ist die Kleidung doch einmal nass geworden, nutzt man sämtliche Möglichkeiten, sie schnellstmöglich zu trocknen: unterwegs entweder außen am Rucksack oder direkt am Körper. Letzteres geht schneller, manchmal sogar zu schnell. Fängt man an zu frieren, verlangsamt man den Trocknungsvorgang etwas, indem man eine Windjacke überzieht. Hat man das Lager aufgeschlagen, hängt man seine Sachen über die Abspannleinen des Zelts, unter das Zeltdach oder an eine andere geschützte Stelle.

Unterwäsche

Bei den meisten Trekkingtouren nehme ich insgesamt vier Teile Funktionsunterwäsche mit: ein Kurzarmhemd, einen Slip, ein Langarmhemd und eine lange Hose. Die lange Unterwäsche dient gleichzeitig als Schlafanzug, so erspart man sich ein Inlett für den Schlafsack. Bei kalter Witterung empfiehlt es sich, die lange Wäsche auch tagsüber zu tragen. Am Hals ist man besonders kälteempfindlich.

Bleibt diese Stelle ungeschützt, verliert man leicht viel Wärme. Praktisch ist daher ein hoher Halsabschluss mit einem kurzen Zipper, über den sich stufenlos die Temperatur regeln lässt.

Produktbeispiele:

▷ *Patagonia Capilene Midweight Zip-Neck,* **227 g**. Langarm-T-Shirt aus Polyesterfasern mit Stehkragen, Frontreißverschluss und Daumenschlaufen. Schnell trocknende Dreijahreszeiten-Unterwäsche. 💻 www.patagonia.com

▷ *Icebreaker Tech T-lite Short Sleeve,* **160 g**. Leichtes T-Shirt aus Merinowolle. Wärmt auch in feuchtem Zustand und muffelt nicht. Nicht für extrem schweißtreibende Unternehmungen gedacht. 💻 www.icebreaker.com

▷ *Odlo Active F-Dry Light Baselayer T-Shirt,* **80 g**. Die leichteste Serie von *Odlo* ist schnell trocknend, atmungsaktiv und geruchshemmend. Bietet zudem einen Sonnenschutz von UVP 40+. 💻 www.odlo.com

▷ *Patagonia Capilene Cool Lightweight Shirt,* **76 g**. Ähnlich der wärmeren *Midweight*-Serie, aber ein deutlich leichteres und luftdurchlässigeres T-Shirt.

▷ *Uniqlo AIRism Boxershorts,* **47 g** in Größe L. Sehr leichte und günstige Microfaser-Unterwäsche, die sehr schnell trocknet. 💻 www.uniqlo.com

Isolation

Luft ist ein ausgezeichneter Isolator und noch dazu ultraleicht. Um den Körper warm zu halten, muss Ihre Kleidung die Luft speichern und Luftbewegungen verhindern. Gut wärmende Kleidung hält die Luft zwischen den Fasern des Gewebes fest. Je leichter, flauschiger und feiner das Material ist, umso besser sind seine isolierenden Eigenschaften. Ist das Gewebe jedoch nicht winddicht (wie etwa Fleece), dann reicht selbst ein leichter Windhauch, um das Luftpolster wieder „wegzublasen". Nur wenn man diese Funktionsweise kennt, kann man seine Bekleidung so einsetzen, dass sie optimal funktioniert.

Dazu ein Beispiel: Testen Sie bei leichtem Wind eine Kombination aus einem Fleecepulli und einem Windshirt. Ziehen Sie zunächst den Fleece an und darüber das Windshirt. Nehmen Sie danach die beiden Teile und ziehen Sie sie in umgekehrter Reihenfolge an, also erst das Windshirt und dann den Fleece. Sie werden überrascht sein, wie gut die erste Kombination wärmt und wie schlecht die zweite. Das liegt daran, dass sich im zweiten Fall selbst bei leichtem Wind kein wärmendes Luftpolster im Gewebe aufbauen kann. Im ersten Fall dagegen hält das Windshirt den Wind komplett ab, die Luft im Fleece erwärmt sich und entfaltet so ihre volle Isolationskraft.

☺ Beim Anziehen von Hemd, Fleece, Jacke usw. passen Sie sich durch eine geschickte Änderung der Bekleidungsreihenfolge noch besser an die äußeren Bedingungen an.

Alternative:

Wanderhemd. Bei milden Temperaturen ist ein Wanderhemd ideal. Ich bevorzuge langärmelige Hemden, da sie universeller einsetzbar sind. Wird es zu warm, krempelt man die Ärmel hoch. Wird es kälter oder möchte man sich vor Stechmücken schützen, krempelt man sie wieder runter. Auch ein aufstellbarer Kragen leistet gute Dienste als zusätzlicher Wind- und Sonnenschutz.

Armlinge. Eine leichte Alternative zu langärmligen Shirts und Hemden sind Armlinge (etwa 40 g), die aus jedem Short Sleeve ein Long Sleeve machen

Fleecepullover oder Jacke. Fleece ist ein Gewebe aus extrem feinen Polyesterfäden. Es ist strapazierfähig und trocknet schnell. Auch direkt auf der Haut trägt es sich angenehm, darum lässt es sich sogar als Basisschicht verwenden. Das wohl bekannteste Fleece-Gewebe stammt vom Hersteller *Malden Mills* und nennt sich *Polartec*, 💻 www.polartec.com.

Polartec-Fleece gibt es in den Stärken 100, 200 und 300 – je höher die Zahl, desto wärmer der Fleece.

Solange Sie in Bewegung sind, reicht meist ein dünner Fleece der Stärke 100. Der schwere 300er-Fleece kommt für Ultraleicht-Trekker kaum in Frage. Neben der *Classic* Serie gibt auch atmungsaktivere (z. B. *Polartec Power Grid oder Alpha Direct*), elastische (z. B. *Polartec Powerstrech*) oder winddichte Fleece-Varianten (z. B. *Polartec Powershield*).

Produktbeipiele:

▷ *Montane Allez Micro Hoodie,* **180 g**. Kapuzenpullover mit Hals-Reißverschluss aus *Polartec Power Grid.* 💻 www.montane.eu

▷ *Quechua Fleecepullover Bergwandern MH500,* **211 g**. Leichter Waffelfleece-Pullover mit Hals-Reißverschluss. Low-Budget-Tipp. 💻 www.decathlon.de

▷ *Mountain Equipment Lumiko Zip-T,* **225 g**. Atmungsaktiver und schnell trocknender Waffelfleece-Pullover. 💻 www.mountain-equipment.de

▷ *Patagonia R1 Fleecepullover,* **290 g**. Waffelfleece-Pullover aus *Polartec Power Grid* mit langem Hals-Reißverschluss. 💻 www.patagonia.com

Windshirt. Windshirts gibt es als Jacke oder *Smock* (Schlupfer) sowie mit und ohne Kapuze. Sie bestehen aus extrem feinem Ripstop-Nylon, das atmungsaktiv ist und dennoch kurzen Schauern standhält. Oft erhöht auch eine Imprägnierung (DWR, durable water repellant) die wasserabweisende Wirkung des Materials. Die leichtesten Windshirts wiegen weniger als eine Tafel Schokolade und lassen sich auf die Größe eines Apfels zusammenfalten.

Dabei sind sie sagenhaft vielseitig. Sie lassen sich direkt über der Funktionswäsche tragen oder über einem Fleece. Als leichte Alternative zum Wanderhemd sind sie ebenso geeignet. Und über einer wasserabweisenden Kunstfaserjacke getragen hält ein Windshirt den Regen auch über längere Zeit ab.

Produktbeispiele:

▷ *Mont-Bell Ex Light Wind Jacket,* **50 g**. Wahnwitzig leichter, wasserdampfdurchlässiger Schutz gegen Wind und Sprühregen. Hauchdünnes 7D-Ripstop-Nylon mit DWR-Schutz. Lässt sich in der Innentasche verstauen. 💻 www.montbell.com

▷ *Inov8 Windshell Windproof Jacket,* **96 g**. Atmungsaktive Windjacke aus Pertex Quantum mit Kapuze, Brusttasche und Daumenschlaufen. Innentasche dient auch als Packsack. 💻 www.inov-8.com

▷ *Montane Featherlite Trail Jacket,* **109 g**. Winddichte und atmungsaktive Jacke mit durchgehendem Reißverschluss, die sich in ihrer eigenen Eingrifftasche verstauen lässt. Daumenschlaufen, Belüftungsschlitze unter den Achseln, DWR-Beschichtung als Schutz bei leichtem Regen. 💻 www.montane.eu

☺ In den vergangenen Jahren sind auch Softshells sehr populär geworden. Diese Jacken verbinden eine leichte Isolation mit einem wasserabweisenden Außenmaterial. Softshells sind zwar nicht vollständig wasserdicht, halten jedoch auch einem längeren Regenguss stand. Man spricht daher von 90-%-Bekleidung, da bei einem typischen Einsatz kein absoluter Regenschutz notwendig ist.

Einen ähnlichen Effekt erzielen Sie mit einer Kombination aus einem dünnen Fleecepulli und einem Windshirt. Der Vorteil auch hier: Die Kombination aus zwei Einzelteilen trocknet schneller und ist variabler einsetzbar, da Sie jedes Teil auch einzeln tragen können.

Kunstfaser- oder Daunenjacke. Beim Wandern ist der Körper ständig in Bewegung und erzeugt Wärme. Dann reicht in der Regel eine Kombination aus Hemd, Fleece und Windshirt als Oberbekleidung aus.

Auf Wanderpausen oder im Camp braucht man jedoch eine zusätzliche Isolationsschicht, damit der Körper nicht auskühlt. Dafür ist eine warme Jacke oder Weste ideal.

Ob Sie nun Kunstfaser oder Daune bevorzugen, hängt von der Anwendung ab. In regenreichen Gebieten erfordert es mehr Sorgfalt, seine Daunenausrüstung trocken zu halten. Mit Kunstfaserjacken ist man dort stressfreier unterwegs. Liegen die Temperaturen ständig unter null Grad („trockene Kälte"), dann ist die Gefahr geringer, dass die Daunenfüllung feucht wird.

Produktbeispiele:

▷ *Montane Prism Jacket*, **398 g**. Winddichtes Außenmaterial und hohe Wärmewirkung durch *Primaloft-Silver*-Füllung. Praktisch ist auch die integrierte Kapuze. 💻 www.montane.eu

▷ *Rab Xenon Jacket*, **326 g**. Schlankere Jacke mit Kapuze und *Stratus*-Kunstfaser-Isolation. Keine durchgesteppten Nähte, dadurch keine Kältbrücken. 💻 rab.equipment

▷ *Patagonia Micro Puff Jacket*, **224 g**. Außen *Pertex-Quantum*-Ripstop-Nylon mit DWR-Imprägnierung, innen eine Füllung aus *PlumaFill*. Auch erhältlich als *Micro Puff Hoody* (264 g, mit Kapuze) oder *Micro Puff Vest* (162 g). 💻 www.patagonia.com

▷ *Patagonia Down Sweater Jacket*, **371 g**. Füllung *800er Advanced Global Daune*. Auch erhältlich mit Kapuze (428 g) oder als Weste (278 g).

▷ *Western Mountaineering Flight Jacket*, **300 g**. Feinste Gänsedaunenfüllung mit 850+ cuin und isolierte Fronttaschen. Gibt's auch als Weste (150 g). www.westernmountaineering.com

▷ *Mountain Hardwear Ghost Whisperer/2 Down Jacket*, **236 g**. Angesichts des Gewichts eine erstaunlich warme Jacke. Füllung aus hydrophoben Gänsedaunen mit 800 cuin Bauschkraft. Als *Down Hoody* auch mit Kapuze erhältlich (249 g). www.mountainhardwear.com

▷ *Cumulus Primelite Pullover*, **180 g**. Minimalistischer Smock mit Hals-Reißverschluss, der bei 85 g Daunenfüllung (850 cuin) weniger wiegt als zwei Tafeln Schokolade. schlafsacke-cumulus.de

Für Trekkingtouren im Frühjahr und Herbst verwende ich meist eine Kombination aus Windshirt, Wanderhemd, Fleecepulli (*Polartec 100)* und Kunstfaserjacke. In dieser Reihenfolge wärmt jedes dieser Teile zunehmend gut, sodass man für alle Situationen das richtige auswählen kann. Einzeln oder in beliebiger Kombination zusammen getragen lässt sich damit ein Temperaturbereich abdecken, der bis an die Frostgrenze reicht.

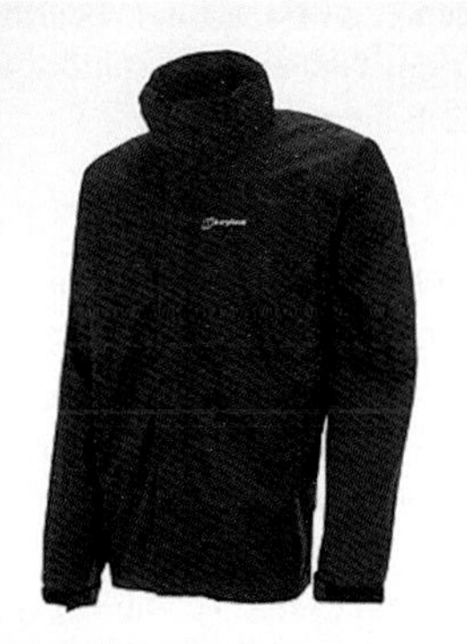

Jacken mit Kunstfaserisolation halten auch bei feuchter Witterung warm

Für die anderen beiden Jahreszeiten sind nur kleine Änderungen nötig. Auf Sommertouren bleibt der Fleecepulli zu Hause im Schrank, auf Wintertouren ersetzt eine Fleecejacke aus *Polartec 200* das Wanderhemd.

Hosen. Die Isolation an den Beinen kann dünner ausfallen als am Körper, da man dort weniger kälteempfindlich ist. Es ist sogar besonders wichtig, die Beine nicht zu warm einzupacken, da die Leistungsfähigkeit überhitzter Muskeln schnell absinkt. Bei Temperaturen über null reicht normalerweise eine Trekkinghose, zumindest solange Sie in Bewegung bleiben. Wird es doch einmal kälter, hilft eine lange, dünne Unterhose.

Auch bei Hosen sind die Gewichtsunterschiede beträchtlich. Die Spanne reicht von 160 g bis weit über 500 g. Hier eine Zusammenstellung von Punkten, die Sie bei der Auswahl beachten sollten:

▷ Eine Trekkinghose mit vielen aufgesetzten Taschen und aufwendigem Schnitt sieht zwar professionell aus, ist in der Praxis aber wenig nützlich. Die meisten Trekker stopfen sich sowieso nicht sämtliche Taschen voll. Zudem stört es beim Wandern nur, wenn schwere Dinge – die Sie bei jedem Schritt mitbewegen – direkt an den Beinen baumeln. Nehmen Sie stattdessen ein einfacheres Modell.

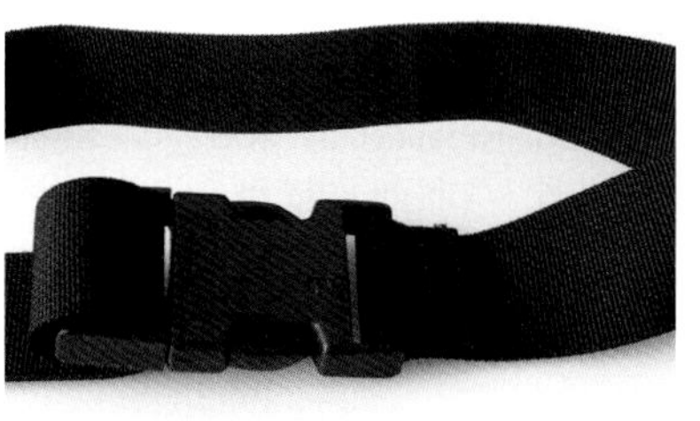

Selbstgebauter Ultraleichtgürtel aus Gurtband

▷ Achten Sie darauf, dass Sie keinen separaten Gürtel benötigen. Leichte Trekkinghosen haben einen elastischen Gummibund oder ein leichtes Kunstfaserband. Sollten Sie doch einen Gürtel brauchen, nehmen Sie keinesfalls einen aus Leder. Ledergürtel sind schwer (**150 g** und mehr) und trocknen nur langsam. Viel praktischer und leichter ist ein Gürtel aus Nylon-Gurtband, den Sie mithilfe sogenannter Kunststoff-Blitzverschlüsse leicht selbst herstellen (**60 g**, ☞ Abbildung).

▷ Achten Sie auf das richtige Hosenmaterial. Baumwollmischgewebe, etwa das bekannte G1000, ist weit verbreitet und vor allem robust. Aber es ist schwer und trocknet nur langsam. Es lässt sich zwar mit Grönlandwachs oder Ähnlichem imprägnieren, ist dadurch aber schwitziger und noch schwerer. Besser sind Hosen aus Nylon oder einer anderen Kunstfaser.

▷ Abzippbare Hosen, teilweise sogar mehrfach, versprechen auf den ersten Blick große Variationsmöglichkeiten, da sie sich zu Bermudas oder Shorts verwandeln lassen.

Ich selbst habe die Erfahrung gemacht, dass man bei Touren selten davon Gebrauch macht und die Hose meist doch lang trägt. So ist man geschützt vor

Sonnenbrand, Gestrüpp, Dornen, Stechmücken, Zecken und anderen Unannehmlichkeiten.

▷ Kurze Laufhosen sind im Sommer eine Alternative zur Wanderhose. Selbst bei kühlem Wetter kann man oft in kurzen Hosen wandern. Solange man in Bewegung bleibt, ist das kein Problem. Ist das Wetter kühler, lässt sich die Laufhose auch mit leichten Leggins kombinieren. Laufhosen haben übrigens meist einen Einsatz aus Netzgewebe, sodass Sie sogar auf eine zusätzliche Unterhose verzichten können.

Produktbeispiele:

▷ *Montane Terra Pants,* **340 g**. Mit Teflon beschichtetes Tactel-Nylon. Die Kniepartie ist verstärkt mit Cordura-Ripstop-Nylon. Eine vielseitige Hose, die sich bei warmem Wetter an den Seiten belüften lässt.
💻 www.montane.eu

▷ *Quechua Zip-Off-Hose Bergwandern MH150,* **260 g**. Eine der günstigsten und leichtesten Zip-off-Hosen. Schlanker Schnitt, Farbmarkierung der abtrennbaren Hosenbeine, kleine Taschen. Fällt klein aus. Unter der Modellnummer MH100 auch ohne Zip-Funktion oder als Shorts (155 g) erhältlich. 💻 www.decathlon.de

▷ *Patagonia Houdini Pants,* **108 g**. Das Windshirt für die Beine. Selbst bei kühlen Verhältnissen ist dieses Leichtgewicht noch in der Lage, die Beine warm zu halten. Optisch wirkt man darin nicht unbedingt wie ein Trapper aus der Wildnis und auch die Strapazierfähigkeit ist nicht mit einer robusten Trekkinghose vergleichbar. Aber für gemäßigte Einsätze durchaus brauchbar. 💻 www.patagonia.com

Regenschutz

Auf allen längeren Touren kommt man nicht umhin, Kleidung mitzunehmen, die auch lang andauerndem und starkem Regen standhält.

Viele Trekker verwenden zu diesem Zweck Regenbekleidung aus Gore-tex (💻 www.gore-tex.de) oder einer anderen Funktionsmembran. All diese Materialien beruhen auf dem gleichen Prinzip: Mikroskopisch kleine Poren lassen Wasserdampf hindurch, sodass die Körperfeuchtigkeit von innen nach außen entweichen kann. Für die viel größeren Wassertropfen sind die Öffnungen jedoch zu klein. Der Regen von außen kann die Membran nicht passieren.

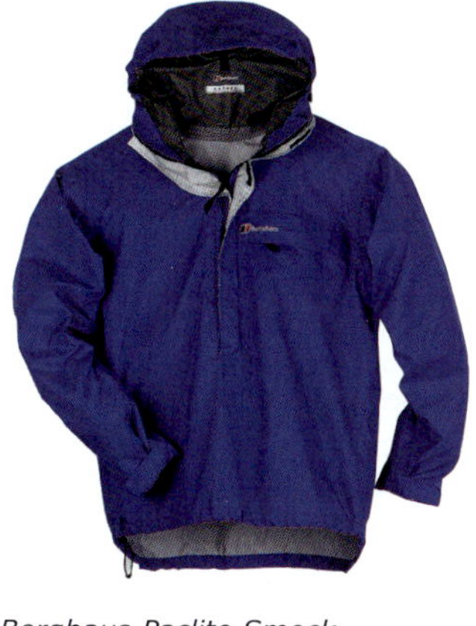

Berghaus Paclite Smock

Diese Schicht ist hauchdünn und sehr empfindlich. Um sie zu schützen, wird sie häufig in anderes Gewebe eingebettet. Daher unterscheidet man zwischen ein-, zwei- und dreilagigen Varianten. Zu den leichtesten Membranen zählen *Gore-tex Paclite, Gore-tex Shakedry* und *Columbia OutDry*. Während es klassische Funktionsjacken auf **500 bis 800 g** bringen, wiegen Jacken mit diesen Membranen meist weniger als **300 g**.

So leichtes Material ist zwar nicht ganz so strapazierfähig, wie ein dicker Stoff. Aber das muss es auch nicht sein, denn als Ultraleicht-Trekker tragen Sie viel weniger Gewicht auf den Schultern. Dort, wo die Schultergurte des Rucksacks scheuern, wird die Jacke deshalb ebenfalls weniger strapaziert. Leichtes Gepäck schont nicht nur Sie, sondern auch Ihre Kleidung.

Produktbeispiele:

- ▷ *FroggToggs Ultra-Lite² Rain Suit*, **362 g** (Jacke und Hose). Die preiswerte Alternative aus den USA. Die FroggToggs-Produkte bestehen aus einem Polypropylen-Trilaminat, das auf den ersten Blick und Griff an saugfähiges Küchenpapier erinnert und den Eindruck erweckt, dass es keine fünf Minuten Regen übersteht. Aber das Material ist sehr robust und absolut wasserdicht. Der Hersteller versichert, dass die Atmungsaktivität mindestens so gut sei wie die von Gore-tex. 💻 www.froggtoggs.com
- ▷ *Arc'teryx Zeta SL Jacke*, **310 g**. Sturmtaugliche Jacke mit Gore-tex Paclite, Gurt- und hüftgürtelfreundlicher Taschenplatzierung. 💻 arcteryx.com
- ▷ *Columbia OutDry Ex Lightweight Shell Jacket*, **190 g**. Die OutDry-Ex-Produkte verzichten auf ein Obermaterial aus Stoff und benötigen deshalb keine Imprägnierung. 💻 www.columbiasportswear.de

- ▷ *Gore R7 Gore-tex Shakedry Trail*, **175 g**. Trailrunning-Jacke mit minimalistischer Ausstattung, Kapuze & Schirm (nicht helmkompatibel). Sollte man wirklich nur mit Leicht-Rucksack nutzen. 💻 www.gorewear.com
- ▷ *Berghaus Hyper 100 Jacket*, **99 g**. Die aktuell wohl leichteste, dreilagige „Immer-dabei-Jacke“: ideal für Kurztrips oder wenn es eigentlich trocken bleiben soll. 💻 www.berghaus.com
- ▷ *Berghaus Paclite Overtrousers*, **228 g**. Regenhose aus Gore-tex Paclite. Wasserdichte 3/4-lange Seitenreißverschlüsse, Druckknopf an den Knöcheln.
- ▷ *Outdoor Research Helium Pants*, **165 g**. Ohne Schnickschnack, Reißverschlüsse am Knöchel zum An- und Ausziehen. Das dazu passende *Helium Rain Jacket* wiegt 179 g. 💻 www.outdoorresearch.com
- ▷ *Bergzeux Regenrocker*, ab **70 g**. Ein Regenrock aus beidseitig silikonisiertem Nylon: Schnelleres An- und Ausziehen sowie eine gute Durchlüftung sprechen für diesen Wetterschutz. 💻 www.bergzeux.de
- ▷ *Zpacks Rain Kilt*, ab **52 g**. Regenrock aus noch leichterem Dyneema Composite Fabric. 💻 zpacks.com

Ponchos

Ein **Poncho** ist im Prinzip nichts anderes als eine wasserdichte Plane mit einer in der Mitte angebrachten Kapuze. Die Plane wirft man sich über und steckt den Kopf durch das Kapuzenloch. Die offenen Seiten rechts und links halten Klettverschlüsse oder Druckknöpfe zusammen. Ultraleichte Ponchos bestehen überwiegend aus silikonisiertem Ripstop-Nylon, das Sie ja schon im Kapitel über Zelte kennengelernt haben. Das Material selbst lässt weder Wasser noch Luft durch, ist also nicht atmungsaktiv. Da der Poncho unten geöffnet ist, kann die Luft trotzdem gut zirkulieren und für ein angenehmes Mikroklima sorgen.

Viele Ponchos sind groß genug, um auch einen Trekkingrucksack mit abzudecken. Ihr Körper und das gesamte Gepäck sind damit vor Regen geschützt. Richtig eingesetzt kann man sich dann sogar die Regenhülle oder einen Rucksackliner sparen, was das Ausrüstungsgewicht nochmals um einige Hundert Gramm verringert.

Besonders komfortabel lässt sich ein Poncho verwenden, wenn Sie ihn – wie in der Abbildung gezeigt – schon vor dem Loswandern am Rucksack befestigen. Mit den Ösen rechts und links der Kapuze fixieren Sie ihn oben am Rucksack,

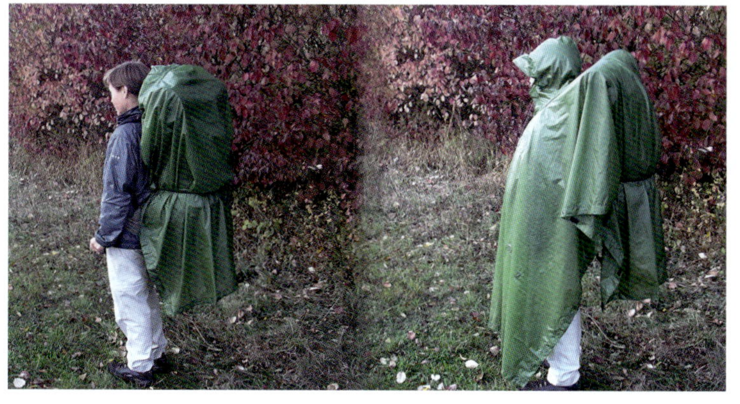

Poncho als Rundum-Regenschutz

sodass er nicht verrutscht. Zusätzlich verwende ich meist ein dünnes Gummiband („Hosengummi"), das den hinteren Teil des Ponchos am Rucksack festhält, wie in der Abbildung zu sehen ist.

Fängt es an zu regnen, braucht man nur hinter sich zu greifen und den vorderen Teil des Ponchos überzuziehen. Bei Regenpausen lässt sich dieser Teil ebenso schnell wieder nach hinten klappen; und das ganz ohne „Rucksack auf – Rucksack zu – Jacke an – Jacke aus"-Gymnastik. Es gibt nur zwei Gründe, die unter Umständen gegen einen Poncho sprechen:

▷ Unter modischen Gesichtspunkten sind Ponchos eine Katastrophe. Man sieht darin aus wie eine Kreuzung aus Rübezahl und Heinzelmännchen. Das ist sicher auch einer der Gründe, warum sie in den letzten Jahrzehnten an Popularität verloren haben.

▷ Ponchos flattern stark im Wind. Dann ist die Plane bei jeder Bewegung hinderlich und schlägt einem dauernd gegen die Beine. Um das zu verhindern, trägt man entweder den Rucksack *über* dem Poncho oder man verwendet eine Bauchkordel, mit der man sich den Poncho um die Hüften bindet (oft integriert). In beiden Fällen ist die Ventilation jedoch eingeschränkt und innen kann Feuchtigkeit kondensieren.

Produktbeispiele:

- ▷ *Hilleberg Bivanorak*, **600 g**, 240 x 86 cm. Biwaksack, Regenjacke und Schlafsacküberzug in einem, mit Frontreißverschluss, Kapuze und Ärmeln. Als Survival-Equipment für die schwedische Luftwaffe entwickelt. Hergestellt aus wasserdichtem, aber atmungsaktivem Ripstop-Nylon. Erhöht die Isolierung eines Schlafsacks um ca. 4 °C nach EN-Norm.
  hilleberg.com
- ▷ *Exped Bivy-Poncho UL*, **330 g**, 150 x 240 cm. „So vielseitig wie ein Schweizer Messer", behauptet der Hersteller, und das stimmt auch. Neben acht Schlaufen zum Abspannen (als Tarp) besitzt der Poncho auch Druckknöpfe. Dadurch lässt er sich auch als Biwaksack nutzen.
  www.exped.com
- ▷ *Six Moon Designs Gatewood Cape Tarp*, **310 g**, 214 x 66 cm Liegefläche. Der einzige Poncho, der als Tarpzelt genutzt einen 360°-Rundum-Schutz bietet. Aus 15den-Ripstop-Nylon mit Silikon-Imprägnierung. Das optionale *Serinity NetTent* (321 g) bietet zusätzlichen Schutz vor Mücken und Krabbeltierchen. www.sixmoondesigns.com
- ▷ *The Packa*, **270 g** (Größe M) Eher eine lang geschnittene Jacke als ein Poncho. Mit durchgehendem Reißverschluss auf der Frontseite und Regenschutz für den Rucksack. Material: 15den-Silnylon.
  www.thepacka.com
- ▷ *Sea To Summit Ultra-Sil Nano Tarp Poncho*, **192 g.** Hergestellt aus silikonbeschichtetem 15den-Silnylon mit getapten Nähten. Die Kapuze ist verstellbar und hat einen Schirm. www.seatosummit.de

Ein Poncho lässt sich nicht nur als Regenbekleidung und Rucksackschutz verwenden. Die Anwendungsmöglichkeiten sind nahezu unbegrenzt. Hier einige Anregungen:

- ▷ Als **Baldachin** am Zelteingang. So entsteht ein geräumiger und geschützter Zeltvorplatz oder eine erweiterte Apsis.
- ▷ Als **Sonnenschutz** am Strand. Hier sollten Sie allerdings beachten, dass sich die Lebensdauer des Materials durch intensive UV-Strahlung verkürzt.
- ▷ Als **Biwaksack**, wenn kein Standplatz für das Zelt zu finden ist oder man unter freiem Himmel schlafen will.

- ▷ Zum **Wasser sammeln**. Die Plane aufspannen und den Regen auffangen. Die Kapuze dient als Ablauföffnung, unter die man die Wasserflasche stellt.
- ▷ Als **Schwimmhilfe** oder Auftriebskörper. Poncho mit Laub oder einem anderen leichten Material füllen und möglichst gut verschließen. Ganz wasserdicht geht das kaum, aber mit etwas Geschick bekommt man es hin, dass das Wasser nur langsam eindringt.
- ▷ Als **Notsegel**, wenn Sie mit einem Kanu oder Floß unterwegs sind.
- ▷ Als **Zeltunterlage** oder Picknickdecke, um die Feuchtigkeit vom Boden abzuhalten.
- ▷ Als **Toilettenzelt**, separat mit zwei bis vier Trekkingstöcken aufgebaut als Sicht- und Windschutz.
- ▷ Als **Küchenunterstand** oder Aufenthaltsecke, falls Sie in einer Gruppe unterwegs sind. Unter einem Poncho allein wird's allerdings eng, zwei Stück miteinander gekoppelt schaffen Platz für zwei bis drei Personen.
- ▷ Als **Hängematte**. Die kurzen Seiten zusammenraffen und mit einem ausreichend stabilen Seil verknoten.
- ▷ Als **Verletztentrage** in Notfällen. Auch hier die kurzen Seiten zusammenraffen.
- ▷ Als **Tarp**. Wenn man wandert, dann zeltet man nicht, und wenn man zeltet, dann wandert man nicht. Deshalb gibt es auch eine 2-in-1-Lösung, die sich als Zelt und Regenbekleidung nutzen lässt, denn beide Ausrüstungsteile braucht man nicht unbedingt zur gleichen Zeit. Ein Poncho, den man zugleich als Solo-Tarp verwendet, ist für erfahrene Trekker ohne Risiko einsetzbar und mit rund 300 g der mit Abstand leichteste Wetterschutz für Tag und Nacht. (Vergleichen Sie das mit dem üblichen 3,5 kg-Zelt und der 1 kg-Gore-tex-Jacke-Hose-Kombination!)

Bleibt nur die Frage, wie man einen Poncho am besten in eine zeltähnliche Form bekommt. Von den vielfältigen Aufbaumöglichkeiten (einfaches Schrägdach, Spitzdach, zwei diagonale Zipfel am Boden – zwei in der Luft usw.) möchte ich Ihnen die folgende empfehlen. Zum Aufbau reichen zwei Trekkingstöcke, der Schlafraum ist nach drei Seiten hin geschlossen und bietet dadurch guten Schutz. Außerdem ist das Tarp kinderleicht in wenigen Minuten aufgestellt und steht außerordentlich stabil.

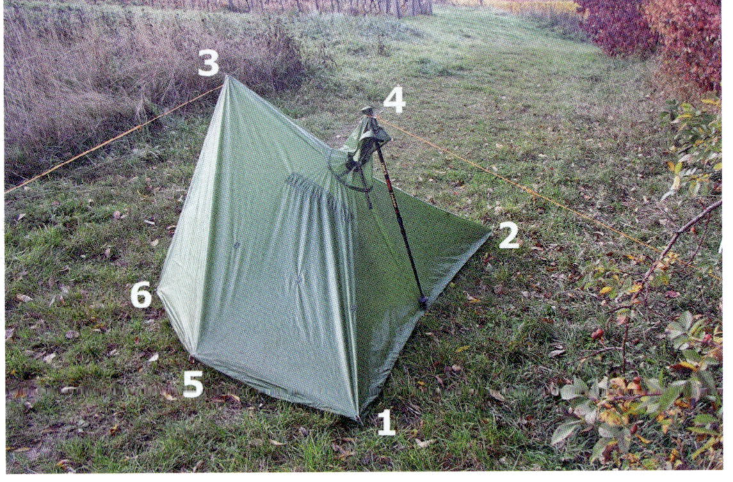

Poncho als Tarp

Hier die Anleitung Schritt für Schritt (☞ auch Abbildung oben):

- ▷ Breiten Sie den Poncho flach auf dem Boden aus.
- ▷ Fixieren Sie die Längsseite an den Punkten **1** und **2** mit Heringen. Diese Seite sollte dem Wind zugewandt sein.
- ▷ Stellen Sie danach mit dem ersten Trekkingstock (auf ca. 110 cm ausgezogen) den Eingang auf. Griff nach unten, die Spitze durch die Öse oder Schlaufe (**3**). Ziehen Sie die Abspannleine locker an.
- ▷ Verschließen Sie die Kapuze mit dem integrierten Kordelzug und stecken Sie den zweiten Trekkingstock (100 cm lang) mit dem Griff in die Kapuze (**4**) und mit der Spitze in die Öse am Boden. Die Abspannleine wird befestigt wie in der Abbildung gezeigt.
- ▷ Verankern Sie die beiden Mitten der kurzen Seiten (**5**) so, dass die Plane glatt gespannt ist und bis zum Boden reicht.
- ▷ Machen Sie das gleiche mit den vorderen Eckpunkten (**6**) und knicken Sie diese so weit ab, dass ein ausreichend kleiner oder großer Eingang entsteht.

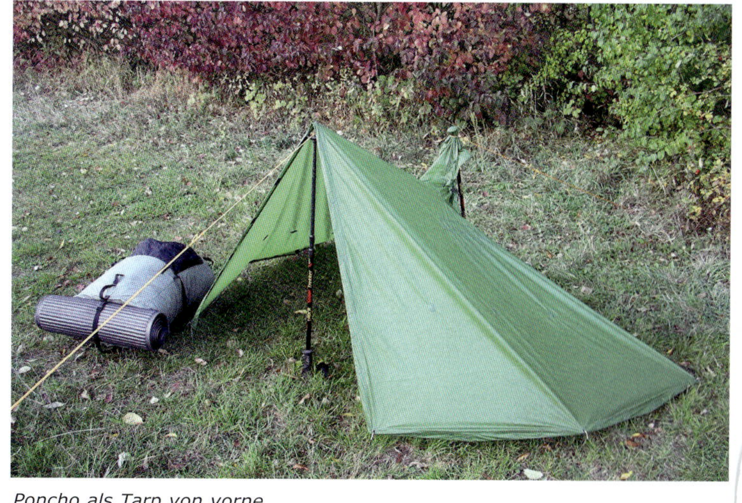

Poncho als Tarp von vorne

☺ Den Poncho-Tarp-Eingang können Sie mit einem passend zugeschnittenen Stück Fliegennetz oder einem anderen leichten Material wie *Tyvek* verschließen.

Mütze und Handschuhe

Es wird oft unterschätzt, wie wichtig eine geeignete Kopfbedeckung ist. Am Kopf befinden sich besonders viele Blutgefäße direkt unter der Haut, wo sie unsere Steuerzentrale mit Sauerstoff versorgen. Dort wird auch besonders viel Wärme abgestrahlt. Nehmen Sie deshalb immer eine ausreichend warme Mütze mit. Damit schützen Sie sich einerseits vor Wärmeverlust, andererseits regeln Sie darüber bequem Ihre „Wohlfühltemperatur". Wird Ihnen unterwegs zu kalt oder zu heiß, setzen Sie zunächst die Mütze auf bzw. ab, statt die Jacke an- oder auszuziehen. Das geht schneller und ist weniger umständlich.

Nicht nur bei Kälte ist eine Kopfbedeckung nützlich. In großer Hitze schützt Sie am besten ein geeigneter Hut. Achten Sie auf eine breite Krempe, die dafür sorgt, dass die Sonne Sie nicht blendet und Ihr Gesicht vor Sonnenbrand geschützt ist.

Auf Touren im Hochgebirge oder in der Wüste sind die Temperaturschwankungen oft extrem. Tagsüber brennt die Sonne, nachts ist es empfindlich kalt. In diesem Fall muss man sich sowohl vor Kälte als auch vor Hitze schützen: eine dicke warme Mütze (ca. 100 g), ein breitkrempiger Sonnenhut (ca. 150 g) und am besten noch eine Baseballkappe (ca. 50 g) für die milderen Momente. Gesamtgewicht: ungefähr **300 g**.

Wenn Ihnen das zu schwer ist, empfehle ich Ihnen wärmstens meinen folgenden „Kopfbedeckungsbaukasten".

Er besteht aus einem Schlauchtuch, einer Fleecemütze und einer selbst gebauten Hutkrempe. Gesamtgewicht hier: nur **95 g** (Einzelgewichte ☞ folgende Seite). Diese drei Teile lassen sich einzeln verwenden, aber auch beliebig miteinander kombinieren:

▷ Schlauchtücher gibt es von Herstellern wie *Buff, HAD* oder *PAC*. Diese Multifunktionstücher sind meist aus leichtem und schnell trocknendem Mikrofasergewebe hergestellt und vielfältig einsetzbar: als Halswärmer, Piratentuch, Sturmhaube, Handgelenkwärmer, Stirnband, Schweißband, Haarband, Nackenschutz, Topflappen, Waschlappen usw. Auf meinen Touren habe ich manchmal sogar zwei dieser Multitalente dabei. Bei milden Temperaturen einfach perfekt.

Hutkrempe im Einsatz

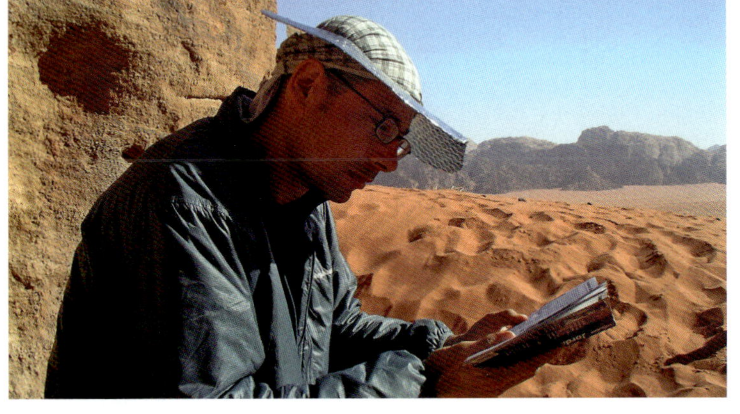

▷ Eine simple Fleecemütze, etwa aus *Polartec Powerstretch*, ist der ideale Kopfschutz bei kalter Witterung oder auch nachts anstelle oder zusätzlich zur Schlafsackkapuze. Sogar einen kurzen Schauer hält sie ab. Sollte es doch einmal stärker regnen, bleibt immer noch die wasserdichte Kapuze des Ponchos oder der Regenjacke. Bei knackiger Kälte kombiniere ich die Mütze mit dem Schlauchtuch als Sturmhaube.

▷ Meine selbst gebaute Hutkrempe ist das Gimmick des Dreiergespanns. Sie lässt sich leicht selbst herstellen. Dazu nehmen Sie eine Sonnenschutzfolie für Windschutzscheiben (überall für wenige Euro erhältlich). Mit einer Schere schneiden Sie die Folie wie in der Abbildung dargestellt zu. Passen Sie dabei das Loch gegebenenfalls an Ihre eigene Kopfgröße an. Bei der Gestaltung und Dimensionierung des äußeren Randes lassen Sie Ihrem Talent für modisches Design schließlich freien Lauf. Diese Hutkrempe ist ultraleicht, robust, kompakt und faltbar. Sie reflektiert die Sonnenstrahlung und bewahrt Ihnen dadurch einen kühlen Kopf. Setzen Sie die Hutkrempe entweder allein oder in Kombination mit Schlauchtuch (Abbildung) und/oder Mütze ein. Sogar als Abstandshalter für ein Moskitonetz ist sie hervorragend geeignet. Gewicht: **10 g**.

Schnittmuster Hutkrempe

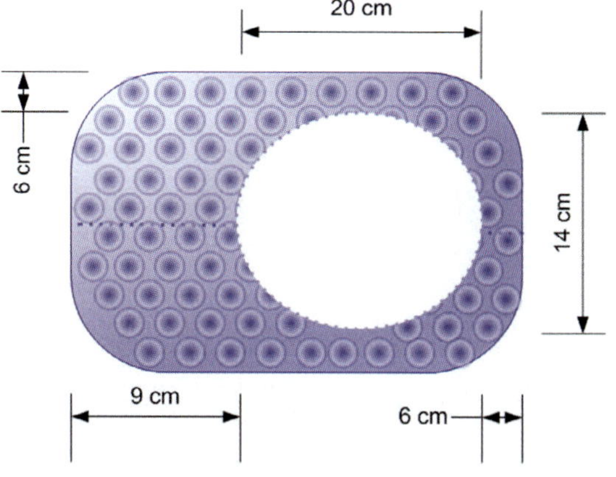

Produktbeispiele:

▷ *H.A.D. Floatable 5 Panel Cap,* **24 g**. Leichtes, schwimmfähiges Cap mit Schirm. 💻 www.had-originals.com

▷ *Mountain Equipment Eclipse Beanie,* **20 g.** Schnell trocknende Fleecemütze. 💻 www.mountain-equipment.de

▷ *Montane Prism Hat,* **28 g**. Die Alternative zur Fleecemütze. Kunstfaserisolation aus *PrimaLoft Silver Eco.* Die Hülle aus *Pertex-Quantum*-Nylon hält Wind und Nässe ab. Gute Empfehlung für Wintertouren. 💻 www.montane.eu

Handschuhe

Auf Touren oberhalb der Frostgrenze habe ich bislang nie Handschuhe benötigt. Tagsüber ist man in Bewegung, was den Kreislauf in Schwung hält, nachts hat man die Hände sowieso im Schlafsack, wo sie warm bleiben. Verfrorene Naturen dürften mir jetzt wahrscheinlich widersprechen. Deshalb die folgenden Tipps zur Handschuhauswahl.

Grundsätzlich gibt es zwei Arten von Handschuhen: Fingerhandschuhe, mit denen selbst fummelige Tätigkeiten wie Reißverschlüsse bedienen oder Zelte aufbauen möglich sind. Ihr Nachteil: Sie sind nicht sehr warm, da die Oberfläche und damit der Kontakt zur kalten Außenluft vergleichsweise groß ist. Die Alternative sind Fäustlinge, bei denen sich die Finger gegenseitig wärmen. Für diffizile Handgriffe muss man sie jedoch ausziehen.

Geschickt ist auch hier die Kombination beider Konzepte: Fingerhandschuhe aus dünnem Fleecematerial zur Isolation, Fäustlinge aus einer wasserdichten Membran als Schutz gegen Wind, Wasser und Schnee. Die Fleecehandschuhe ziehen Sie bei trockener Kälte an, die Fäustlinge bei Regen und beide zusammen (Fingerhandschuhe zuerst) bei Schnee und Schmuddelwetter. So haben Sie unterm Strich drei Handschuhe zur Auswahl, die zusammen nur halb so viel wiegen wie ein typischer Skihandschuh.

☺ Ist Ihnen auch das noch zu viel ist oder müssen Sie nur in Ausnahmefällen die Finger wärmen, dann nutzen Sie Ihre Wechselsocken als Handschuhe. Der Zweck heiligt die Mittel. Der Daumen kommt in die Fersenbeule, die anderen Finger in den Zehenteil. Und bei Regen einfach noch zwei Ziplock-Beutel darüberstülpen. Irritierte Blicke bei Zivilisationskontakt sind Ihnen damit sicher.

Produktbeispiele:

- ▷ *Arc'teryx Rho Handschuhe*, **25 g**. Leichte Handschuhe mit Sensor-Pads an Daumen und Zeigefinger für die Bedienung von Smartphones. 💻 arcteryx.com
- ▷ *Montane Via Trail Gloves*, **39 g**. Leicher Fingerhandschuh mit gutem Schutz vor Wind und Regen dank *Chameleon-Lite*-Material über Handrücken und Fingern. 💻 www.montane.eu
- ▷ *Forclaz Überzieh-Handschuhe Trek 500*, **40 g**. Wasser- und winddichte Fäustlinge, die für etwa 7 °C zusätzliche Wärme sorgen. 💻 www.decathlon.de
- ▷ *Yama Mountain Gear Pogies*, **28 g**. Ultraleichter, offener Überhandschuh gegen Wind und Nässe. Die Finger bleiben weiterhin einsatzbereit für fummelige Tätigkeiten. 💻 yamamountaingear.com

Schuhe und Socken

Ihr Rucksack kann so leicht sein, wie er will. Wenn Sie schlecht passende oder ungeeignete Schuhe tragen, wird Ihnen das die ganze Tour vermiesen. Sind Ihre Füße erst einmal angeschlagen, stehen die Chancen gut, dass die Beschwerden mit jedem Tag schlimmer werden und Sie die Tour unter Umständen sogar abbrechen müssen.

Das kann schneller gehen als man glaubt. Vor einigen Jahren hat mir auf einer Wanderung der Schaft meines neuen Trekkingstiefels auf die Achillessehne gedrückt. Beim ersten leichten Ziehen dachte ich noch „... sicher gleich wieder vorbei ...". Zwei Stunden später waren die Schmerzen fast unerträglich und ich konnte mich gerade noch stark humpelnd zum Auto zurückschleppen. Die nächsten Tage war an Laufen nicht zu denken.

Der richtige Schuh dagegen bildet eine organische Einheit mit dem Fuß. Er drückt nirgends, gibt festen Halt ohne einzuengen und behindert nicht den natürlichen Bewegungsablauf. Kurzum: Man vergisst, dass man ihn überhaupt am Fuß trägt. Schweres Gepäck erfordert auch schwere Schuhe. Hat man sein Rucksackgewicht aber um mehrere Kilogramm erleichtert, kann man auch seine Last an den Füßen verringern. Und das ist sogar ganz besonders lohnenswert, denn die Gewichtsersparnis am Fuß ist rund *fünfmal* so wirksam wie beim Rest der Ausrüstung. Der Grund dafür: Schwere Schuhe verursachen nicht nur statische Belastungen. Das Gewicht am Fuß muss bei jedem Schritt angehoben, beschleunigt, abgebremst und abgesenkt werden, was viel mehr Kraft kostet.

Mit leichtem Schuhwerk laufen Sie deshalb bei gleicher Anstrengung erheblich länger und weiter. Als Faustregel gilt hier: 1 kg weniger Gewicht bei den Schuhen hat den gleichen Effekt wie 5 kg weniger Gepäck auf dem Rücken. Beides entspricht etwa 5 km zusätzlicher Strecke pro Tag.

Leichte Schuhe bieten aber noch andere Vorteile. Das gefürchtete Einlaufen ist meist völlig überflüssig. Ultraleichtschuhe passen sich dem Fuß an und nicht umgekehrt. Ein Freund von mir hat sich kürzlich steigeisenfeste Bergstiefel gekauft. Nach der ersten Wanderung hatte er Blasen an den Füßen und zwei Tage lang Muskelkater in den Oberschenkeln. Da fragt man sich doch, was hier eingelaufen wurde: der Schuh oder doch eher der Fuß?

Eine leichte und flexible Sohle unterstützt zudem die natürliche Abrollbewegung des Fußes. Das verhindert eine einseitige Belastung der Muskulatur und der Sehnen, was insbesondere der Achillessehne gut tut.

Sind die Beine nach einem langen Marsch so richtig müde, bekommt man irgendwann kaum noch die Füße hoch. Man stolpert öfter und die Koordination der Schritte gestaltet sich zunehmend schwieriger. Ist man dann auch noch in schwierigem Gelände unterwegs, ist die Gefahr eines Sturzes besonders groß. Mit leichten Schuhen laufen Sie hingegen kontrollierter und sicherer, da der Ermüdungseffekt viel später einsetzt und längst nicht so ausgeprägt ist.

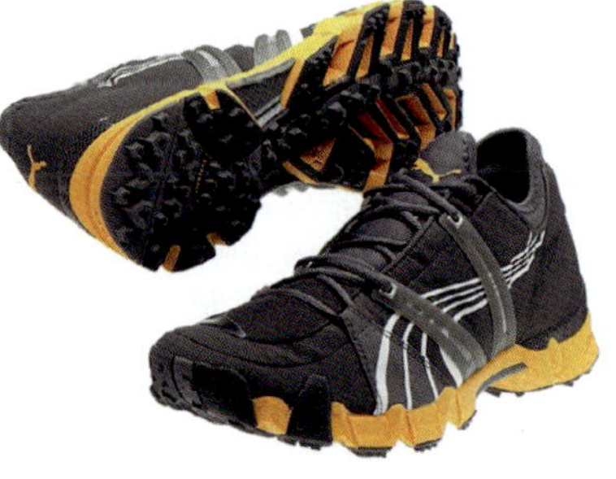

Leichte Trailrunner-Schuhe statt schwerer Lederstiefel

Als Alternativen zum klobigen Wanderstiefel kommen grundsätzlich in Frage:

Laufschuhe. In speziellen Laufshops ist nicht nur die Auswahl riesig. Sie bekommen dort auch eine fachgerechte Beratung inklusive Laufbandanalyse und

– falls erforderlich – einen orthopädischen Service. Eigentlich ist es unverständlich, dass Outdoorläden nicht auch so etwas anbieten, denn bei Trekkern sind die Belastungen der Füße und Beine sicher nicht geringer als bei Läufern.

Trailrunningschuhe. In den vergangenen Jahren sind Geländeläufe sehr populär geworden. Die speziell dafür entwickelten Schuhe haben im Vergleich zu Laufschuhen eine etwas steifere und stärker profilierte Sohle. Auf schwierigem Untergrund vermitteln sie dadurch eine deutlich bessere Bodenhaftung. Modelle mit wasserdichten Membranen wie Gore-tex oder eVent bringen übrigens kaum Vorteile und trocknen wesentlich langsamer.

Multifunktionsschuhe. Diese leichten, flachen Wanderschuhe sind hauptsächlich für Tageswanderungen gedacht. Mit leichtem Gepäck ist aber auch eine lange Trekkingtour nichts weiter als eine Abfolge von lockeren Tagestouren.

Produktbeispiele: Alle Gewichtsangaben sind pro Paar (Größe 42).

▷ *Hanwag Alaska GTX*, **1.640 g**. Ein klassischer Trekkingstiefel, auch was das Gewicht angeht. Von den leichtesten Modellen trennen ihn mehr als 1 kg. 💻 www.hanwag.de

▷ *Lowa Renegade GTX LO*, **1.040 g**. Klassischer Halbwanderschuh aus robustem Nubuk-Leder. Mit griffiger Sohle und wasserdichter Gore-tex-Membran. 💻 www.lowa.de

▷ *Merrell Moab 2 Ventilator*, **888 g**. Komfortabler Gore-tex-Hiking-Halbschuh mit griffiger *Vibram*-Sohle. Wildleder und Mesh als Obermaterial. 💻 www.merrell.com

▷ *Salomon XA Pro 3D GTX*, **760 g**. Mit Gore-tex XCR-Schutz gegen Nässe, Quicklace-Schnellschnürsystem und Contagrip-Haftsohle. Weitere Modelle in der XA-Reihe erhältlich. 💻 www.salomon.com

▷ *La Sportiva Ultra Raptor*, **820 g**. Schwererer Trailrunningschuh mit Zehenschutz, fantastischem Grip und guter Dämpfung. Unbedingt anprobieren: Fällt sehr klein aus! 💻 www.lasportiva.com

▷ *inov-8 Roclite G 345 GTX*, **690 g**. Trailrunning-Bergschuh mit erhöhtem Schaft und Gore-tex-Membran. Die minimale Dämpfung ist im Gelände ausreichend. 💻 www.inov-8.com

▷ *Altra Lone Peak Low*, **620 g**. Der beliebteste Schuh auf dem US-Fernwanderweg Appalachian Trail. Weicher, weniger robust, mit eVent-Membran. 💻 www.altrarunning.eu

▷ *Altra Superior*, **480 g.** Der wohl leichteste, auf Langstrecken erprobte Schuh.

Achten Sie bei der Auswahl des richtigen Modells auf eine griffige, gut profilierte Sohle (z. B. *Vibram*) aus einer geeigneten Gummimischung. Hinten sollte der Schuh einen engen Fersensitz haben, vorne müssen die Zehen „Klavier spielen" können. Tragen Sie bei der Anprobe die richtigen Socken und treffen Sie Ihre Schuhauswahl am besten nachmittags, da die Füße dann etwas größer sind. Wichtigster Grundsatz: In den Schuhen muss sich Ihr Fuß vom ersten Moment an wohl fühlen.

Viele Schuhe sind mit Funktionsmembranen (Gore-tex, XCR, eVent) ausgestattet, die auch bei großen Pfützen trockene Füße versprechen. In der Regel funktioniert das auch ganz gut, aber Membranschuhe haben auch ihre Nachteile. Die Wasserdichtigkeit geht immer auf Kosten der Ventilation. Selbst mit Gore-tex XCR ausgerüstet ist das Tragegefühl schwitziger als in einem herkömmlichen Schuh. Und sind solche Schuhe innen erst einmal richtig nass, bekommt man sie unterwegs kaum wieder trocken. Außerdem habe ich die Erfahrung gemacht, dass die Membranen nicht besonders haltbar sind. Schon nach rund 50 Einsätzen muss man damit rechnen, dass irgendwo am Schuh Wasser eindringt. Modelle ohne Membran sind zwar schneller nass, aber auch schneller wieder trocken.

Eines sollte man jedoch nicht vergessen: Ultraleichte Laufschuhe sind nicht für alle Situationen die beste Wahl. Bei großer Kälte, nassem und sehr weichem Gelände oder auf Touren über Schnee- und Eispassagen, die Grödel oder Steigeisen erfordern, sollten Sie weiterhin geeignete Trekkingstiefel tragen, die den Fuß vor Kälte schützen und steigeisenfest sind.

Schuhe für Sondereinsätze. Wenn man den ganzen Tag auf den Beinen war, ist es immer eine Wohltat, abends im Camp die Schuhe zu wechseln. Auch zum Durchwaten von Flüssen, bei Hüttenaufenthalten oder als Ausweichlösung, um die Wanderschuhe trocknen oder lüften zu lassen, ist ein zweites Paar Schuhe nützlich. Viele Trekker nehmen daher ein Paar Turnschuhe oder Wandersandalen mit robuster Gummisohle mit (z. B. die bekannten Teva-Sandalen).

Als leichtere Alternative empfehle ich Ihnen Sandalen mit einer Schaumstoffsohle, die nur ca. **250 g** pro Paar wiegen. No-Name-Produkte sind hier übrigens oft leichter als das Original von *Crocs*, 💻 www.crocs.de. Auch Aquaslipper aus

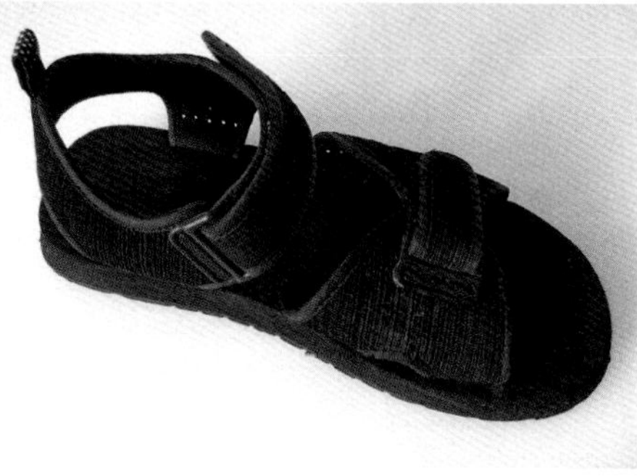

Sandalen mit leichter Sohle sind ideal für Camp und Flussdurchquerungen

Neopren und Netzmaterial sind gut geeignet und wiegen nicht viel. Man bekommt sie im Fachhandel für Wassersport.

☺ Schuhe und Hosen ausziehen, um in Watsandalen den Fluss zu queren? Das geht auch schneller: Verwenden Sie zwei stabile Müllsäcke als Wathilfe, um sich die Umziehprozedur zu sparen. Einfach in die Säcke hineinsteigen (für jedes Bein einen Sack, wohlgemerkt), mit einem roten Gummiring von Omas Einweckgläsern am Oberschenkel fixieren und dann vorsichtig in die Fluten hinein, damit Sie den Müllsack nicht beschädigen.

Bei langen oder schwierigen Durchquerungen von Gletscherflüssen ist diese Methode auch sicherer, da man die nackten Füße im eiskalten Wasser schon nach kürzester Zeit kaum noch spürt und sich dadurch leicht verletzen kann.

Socken. Mit dem Umstieg auf leichte Schuhe ist auch die Zeit der dicken, langen Wandersocken vorbei. Nehmen Sie passend zum Schuhmodell die viel leichteren Laufsocken oder kürzere Modelle.

Auch hier können Sie wieder das Schichtenprinzip anwenden. Bei kühlerem Wetter trägt man statt einem Paar dicke Socken einfach zwei Paar dünne übereinander. Das hat gleich mehrere Vorteile: Erstens ist es variabler, denn wenn die Temperaturen steigen und einem die Füße qualmen, zieht man eine Sockenschicht aus. Zweitens trocknen dünne Socken viel schneller als dicke. So können Sie öfter mal zwischendurch die Socken waschen und brauchen nie mehr als zwei oder drei Paar mitzunehmen, egal wie lange der Outdoortrip dauert. Drittens reduziert das Tragen von zwei Sockenschichten ganz erheblich die Reibung zwischen Fuß und Schuh. Trekker, die leicht Blasen an den Füßen bekommen, dürften das zu schätzen wissen.

Produktbeispiele:

- ▷ *Darn Tough Hiker Micro Crew,* **74 g**. Die unangefochtene Nummer 1 auf dem Appalachian Trail. Bequem, äußerst langlebig und mit 61 % Merinowolle. Für Trailrunningschuhe ist die knöchelhohe und leichtere Variante übrigens völlig ausreichend: *Darn Tough Hiker 1/4* (62 g).
  💻 darntough.com
- ▷ *Smartwool PhD Outdoor Light Crew,* **70 g**. Wandersocke mit hohem Merinoanteil für alle Jahreszeiten und Distanzen. 💻 www.smartwool.com
- ▷ *Injinji Trail Midweight Mini Crew,* **56 g**. Zehensocken sind zwar schwerer anzuziehen, mindern aber die Reibung zwischen den Zehen und sorgen so für weniger Blasen. 💻 www.injinji.com
- ▷ *Falke RU4 Cool,* **40 g**. Coolmax ist eine Fasermischung aus Polyester, Polypropylen und Polyamid, die sich durch hohen Feuchtigkeitstransport auszeichnet. Diese Laufsocke hat eine leichte Zehen- und Fersenpolsterung. Silberionen verzögern die Geruchsbildung.
  💻 www.falke.com
- ▷ *Wrightsock Coolmesh II Quarter,* **35 g**. Doppellagige Socke bestehend aus zwei separaten Lagen, die an drei Stellen miteinander verbunden sind. Vorteile beim Ein- und Ausstieg, ansonsten gleichwertig zur Kombination aus zwei separaten Sockenpaaren.
  💻 www.wrightsock.de

Gamaschen

Jeder Trekker kennt das Problem: In die Lücke zwischen Socke und Schuh geraten allerlei Dinge hinein, die man dort nicht gerne hat: kleine Steine, Zweige, Gestrüpp, Dornen, Schnee, Erde usw.

Gamaschen umschließen diese Lücke und halten so Schuhe und Hosenbeine sauber und trocken. Leider sind sie mit 200 bis 300 g relativ schwer, und auch hier zählt der „Faktor Fünf". Außerdem beeinträchtigen sie das Schuhklima und man schwitzt darunter oft recht unangenehm.

Eine atmungsaktive Gamasche, die nur wenige Gramm zusätzliches Gewicht bedeutet, kann man leicht selbst herstellen. Nehmen Sie dazu ein Paar alte Socken mit langem Schaft und schneiden Sie den Fußteil ab. Bevor Sie in die Schuhe schlüpfen, ziehen Sie den Sockenschaft über die Wade und stülpen danach den unteren Rand der Gamasche über die Oberkante des Schuhs.

Diese Gamasche ist selbstverständlich nicht geeignet, um trockenen Fußes lange Tiefschneepassagen zu durchqueren. Sie bietet auch sonst weniger Schutz als ein „richtiges" Modell. In vielen Fällen sind sie aber dennoch ausreichend, um die regelmäßigen Zwangspausen für die Schuhentleerung zu vermeiden.

Produktbeispiele:

▷ *Sea To Summit Tumbleweed Ankle Gaiters,* **108 g**. Kurzgamasche mit Frontöffnung. Gut: Das Absatzband ist auswechselbar.
www.seatosummit.de

▷ *Kalenji Gamaschen Trail ultraleicht,* **40 g**. Elastische Low-Budget-Gamasche mit Klettverschluss und Haltehäkchen.
www.decathlon.de

▷ *Dirty Girl Gaiters,* **34 g** (Größe L). Ultraleichte und farbenfrohe Gamasche für Lauf- und Halbschuhe. Wird vorne in die Schnürsenkel gehakt und hinten mit Klettband befestigt.
dirtygirlgaiters.com

Sonstige Ausrüstung

Orientierung

Bei Touren in abgelegener Wildnis kann es eine Lebensversicherung sein, sowohl Karte und Kompass als auch ein GPS-Gerät mitzunehmen. Selbst wenn der Kompass verloren geht oder die Elektronik versagt, kann man sich dann immer noch weiterhelfen. Aber Hand aufs Herz: Wenn man eine gute Wanderkarte dabeihat und auch mit ihr umgehen kann, dann besteht bei vielen Routen kaum die Gefahr, sich zu verirren. Viele Trekker beschäftigen sich sowieso stundenlang mit dem Kartenstudium. Denn was gibt es Schöneres, als abends im warmen Schlafsack eingepackt mit dem Finger auf der Karte die Eindrücke des Tages vorüberziehen zu lassen, und in stiller Vorfreude auf die nächsten Zentimeter dieser dünnen, unscheinbaren Spur im Meer der Höhenlinien leise einzuschlafen?

Wanderkarte. Wählen Sie die Karte mit dem größtmöglichen und kleinstnötigen Maßstab. Im besten Fall deckt die Karte genau die Route ab, die Sie laufen wollen. Für mehrtägige Trekkingtouren ist der Maßstab 1:100.000 ideal. Topografische Karten (1:25.000) sind oft viel zu detailliert und bieten meist kaum einen Mehrwert. Vier Zentimeter entsprechen dabei einem Kilometer, sodass Sie pro Tag ohne Weiteres eine ganze Karte durchwandern können. Für längere Strecken kommt dann schnell ein ganzer Stapel Topografie zusammen. Das macht die Handhabung nicht leichter – und genauso wenig den Rucksack (eine Wanderkarte wiegt ca. **50 g**).

Wenn Ihnen das noch nicht weit genug geht, dann kopieren Sie einfach die relevanten Bereiche der Wanderkarte. Nutzen Sie dabei die Verkleinerungsfunktion des Kopierers. So machen Sie aus umständlich auseinanderfaltbaren Wanderkarten ein handliches Blatt im A4-Format, das sich nach Gebrauch umgehend entsorgen lässt.

☺ Wollen Sie ihre selbst gefertigte Wanderkarte vor Feuchtigkeit schützen, dann sprühen Sie das Papier mit Haarspray ein. Dadurch perlt das Wasser ab und die Karte wird nicht so schnell wellig. Eine andere, aber schwerere Möglichkeit ist eine Kartenschutzfolie.

▷ *Neschen Filmomatt*, **100 g/m²**. Einseitig selbstklebende, gut zu beschriftende Weich-PVC-Folie. Erhältlich in verschiedenen Breiten als 10- bis 25-m-Rolle für ein ganzes Wanderleben. 💻 filmolux.de

Wanderführer. In vielen Wanderführern findet man detaillierte Routenbeschreibungen, sodass man am liebsten das ganze Buch mitnehmen würde. Wenn man von den 250 Seiten jedoch nur drei oder vier tatsächlich braucht, gilt auch hier die Empfehlung: Die wichtigsten Seiten herauskopieren, verkleinern und auf einer A4-Seite zusammenkopieren.

☺ Sind Sie mit dem Smartphone unterwegs und nicht zwingend auf einen Wanderführer in Papierform angewiesen, können Sie die benötigten Seiten auch einscannen und als Ebook im PDF-Format auf dem Smartphone-Speicher ablegen. Das Ganze ist zwar mit ein bisschen Zeitaufwand verbunden, doch wer es richtig macht, kann die Texte sogar durchsuchen.

Kompass. Eigentlich ist ein Kompass nur eine Nadel, die immer nach Norden zeigt. Aber der richtige Umgang mit diesem Gerät ist eine Wissenschaft für sich. Manche Modelle funktionieren nur auf der Nord- oder Südhalbkugel, andere besitzen eine sogenannte Globalnadel. Bei der Anwendung muss man Abweichungen durch Deviation, Inklination und Deklination berücksichtigen und kann dann durch Triangulation seinen Standort, den Kurs oder einen Geländepunkt bestimmen. Planzeiger, Klinometer und Peilmarkierungen helfen einem dabei. Noch immer nicht abgeschreckt? Dann erklärt Ihnen das folgende Buch, warum das alles in der Praxis gar nicht so schwierig ist, wie es vielleicht klingt:

🕮 **Karte • Kompass • GPS** von Reinhard Kummer, OutdoorHandbuch *Basiswissen für draußen*, Band 4, ISBN 978-3-86686-619-5, € 8,90

Zum Glück ist die ganze Kompassarbeit in der Praxis gar nicht so oft notwendig, wie es vielleicht klingt. Ich selbst habe bisher wirklich auf *keiner* meiner Touren einen Kompass gebraucht. Solange man immer weiß, wo man sich auf der Karte befindet, wird man sich kaum verirren. Machen Sie es sich deshalb zur

Kurbeldynamo

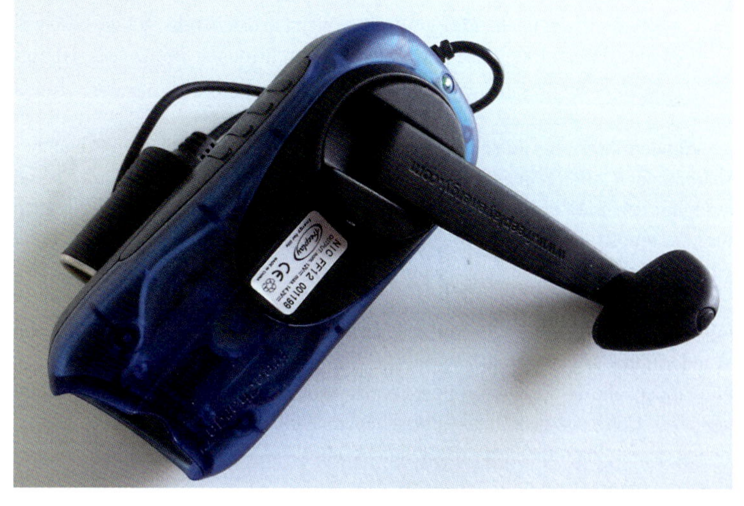

Gewohnheit, immer wieder Karte und Landschaft zu vergleichen. Markante Orientierungshilfen wie Flüsse, Waldränder, Ufer, Berghänge, Straßen usw. lassen sich als Leitlinien (in Laufrichtung) oder Auffanglinien (quer zur Laufrichtung) nutzen.

Und selbst wenn Sie sich einmal verirren: Solange Sie wissen, in welche Himmelsrichtung Sie gehen müssen, um eine „unfehlbare" Auffanglinie zu treffen, kann Ihnen eigentlich nicht viel passieren. Dazu reichen bereits ein einfachster Kompass und einige Grundkenntnisse der Navigation. Lernen Sie deshalb, was man beim Ablesen eines Kompasses beachten muss. Denn: Was man im Kopf hat, braucht man nicht zu tragen.

Produktbeispiele:

▷ *Suunto Clipper*, **5 g**. Flüssigkeitsgefüllter Kompass mit saphirgelagerter Nadel zum Anstecken oder fürs Uhrenarmband. Für viele Touren ausreichend. 💻 www.suunto.com

▷ *Silva Ranger SL*, **23 g**. Wenn man auf einen Spiegelkompass nicht verzichten will oder kann, ist dieses Modell genau das richtige. 💻 silva.se

GPS. Die meisten Smartphones haben inzwischen einen GPS-Empfänger eingebaut, mit dem man seine Position viel leichter, schneller und genauer bestimmt als mit Karte und Kompass. Der Nachteil bei längeren Touren: Sie sind davon abhängig, dass der Akku lange genug durchhält. Um ein Smartphone unterwegs wieder aufzuladen, gibt es handliche und leichte Akkus wie die *Nitecore Powerbank NB10000* Gen2 (10.000 mAh, **150 g**, 💻 nitecore.com), aber auch deren Kapazität ist begrenzt.

Akkutechnik ist zudem sehr temperaturabhängig. Wird es kalt, sinkt die Versorgungsspannung und irgendwann schaltet sich das Gerät von alleine aus. Deshalb trage ich mein Smartphone im Winter immer dicht am Körper, wo es warm gehalten wird. Möchten Sie unabhängig von gespeichertem Strom sein, dann kommt in sonnigen Regionen ein Solarladegerät und für Kleinstverbraucher vielleicht auch ein Kurbeldynamo (☞ Abbildung) in Betracht.

☺ Verwenden Sie ein GPS-Gerät zusammen mit einer Wanderkarte, dann achten Sie darauf, dass die Karte möglichst ein UTM-Gitter besitzt. Damit ist es viel leichter möglich, Standortdaten auf die Karte zu übertragen, als mit den üblichen Grad-Minute-Sekunde-Angaben.

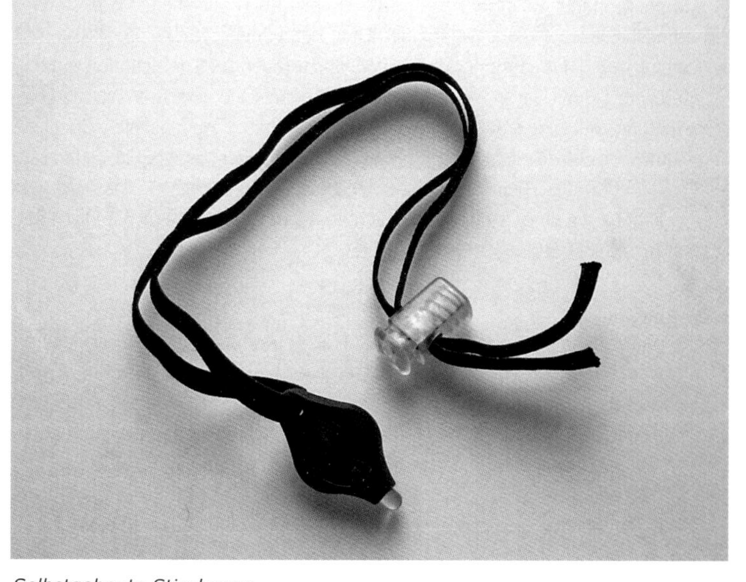

Selbstgebaute Stirnlampe

Licht und Batterien

Auf vielen Touren braucht man nicht unbedingt künstliches Licht. Morgens wacht man auf, wenn es hell wird, abends legt man sich in den Schlafsack, wenn die Dunkelheit kommt. In Nordeuropa verschwimmen während der Sommermonate die Unterschiede zwischen Tag und Nacht sowieso.

Dennoch ist eine Lichtquelle manchmal nützlich und ich gehe fast nie ohne eine auf Tour. Einige Stirnlampen wiegen 150 g und mehr.

Aber es geht auch deutlich leichter!

Produktbeispiele:

▷ *Smartphone*, **0 g** Mehrgewicht. Handy dabei? Taschenlampe dabei! Meist reicht eine Taschenlampen-App für den Blitz der eingebauten Smartphone-Kamera als Kurzzeitlicht völlig aus. Alternative: Monitor weiß schalten.

- ▷ *USB-LED-Platine,* **2 g**. Leichte Billig-Lösung fürs Camp: Die LEDs sitzen auf einer kleinen Platine, die man einfach in den USB-Anschluss seiner Powerbank steckt. Erhältlich über diverse Anbieter aus Fernost: 💻 www.ebay.de
- ▷ *Photon Micro-Light II PRO,* **7 g** (mit Batterien). Eine der kleinsten und leichtesten Lampen der Welt. NASA- bzw. Spaceshuttle- erprobt. Dauerlicht mit 4,5 Lumen, CR2032-Lithium-Batterie. 💻 www.photonlight.com
- ▷ *Nitecore Tube,* **10 g** (mit Akku). Schlüsselbund-Lampe mit 1 oder 45 Lumen. Bis zu 48 Stunden Leuchtdauer und per Micro-USB ladbar. Mehr Licht erforderlich? Die *Nitecore Tip* liefert bis zu 360 Lumen bei 24 g. 💻 nitecore.com
- ▷ *Rovyvon Aurora A5 GITD (3rd Generation),* **18 g** (mit Akku). Schlüsselbund-Lampe mit Tageslicht-LEDs, 4 Leuchtstufen und bis zu 450 Lumen Lichtstrom. Eignet sich auch als Tischlampe, Fotoleuchte oder Rotlicht-Signal. IP66-Schutz, per USB-C ladbar. 💻 www.rovyvon.com
- ▷ *Petzl e+LITE,* **28 g** (mit Batterie). Stirnlampe mit CR2032-Lithium-Batterien. Weißes und rotes Dauer- oder Blinklicht. Gehäuse bis 1 m wasserdicht. Brenndauer rund 45 Stunden. 💻 www.petzl.com
- ▷ *Petzl Bindi,* **35 g** (mit Akku). Über Micro-USB-Anschluss aufladbare Stirnlampe mit maximal 200 Lumen Lichtstrom. 3 Leuchtstufen und Rotlicht mit Blinkmodus.

☺ Mit wenig Aufwand rüsten Sie die *Photon Micro-Light II PRO* und andere Schlüsselbundlampen zur leichten **Stirnlampe** auf. Den Schlüsselring entfernen und die Lampe einfach an einem Hosengummiband befestigen, wie man es in der Kurzwarenabteilung der Kaufhäuser bekommt. Die beiden Enden des Gummibandes mit einem Tanka zusammenhalten (☞ Abbildung).

Batterien. Auch hier gibt es Möglichkeiten, etwas Gewicht zu sparen. Herkömmliche Alkali-Mangan-Batterien sind schwer und halten nicht lange. Besser sind Lithium-Batterien oder NiMH-Akkus.

Achten Sie bei Akkus auf eine Kapazität von mindestens 2.000 mAh. Das beste Verhältnis von Energie zu Gewicht bieten Lithium-Zellen. Sie sind rund 30 % leichter als herkömmliche Batterien, ihre Kapazität ist bis zu dreimal höher, ebenso ihre Lagerfähigkeit. Allerdings sind sie leider auch sehr teuer.

 Vorsicht: Bei Lithium-Zellen bleibt die Spannung lange Zeit auf konstantem Niveau, um gegen Ende dann sehr schnell abzufallen. Die in vielen elektronischen Geräten eingebaute Batterieladeanzeige erkennt deshalb oft nicht, ob Lithium-Batterien „fast" leer sind. In extrem seltenen Fällen führt das sogar zu Datenverlusten.

Schalten Sie das GPS-Gerät und Ihr Smartphone nur dann ein, wenn es unbedingt notwendig ist. Mit wenigen Positionsbestimmungen sollten Sie in der Lage sein, sich ausreichend zu orientieren. Moderne GPS-Geräte brauchen meist weniger als eine Minute für die erste Messung nach dem Einschalten.

Das gleiche gilt für andere batteriebetriebene Geräte wie Kameras, MP3-Spieler oder Stirnlampen. Die preiswerteste und leichteste Energie ist einfach die, die Sie nicht verbrauchen. Das spart Gewicht und schont Ihren Geldbeutel ebenso wie die Umwelt.

Reparaturen

Mein Werkzeugkasten für Reparaturen aller Art besteht aus einer leeren Filmdose. Samt Inhalt wiegt sie insgesamt nur **8 g**. Außen habe ich sie mit etwa 1 m gewebeverstärktem **Klebeband** („Panzerband" oder „Duct Tape") umwickelt.

Die Einsatzmöglichkeiten dieses Bandes sind nahezu unbegrenzt: Zum Abdichten von Löchern in Plastiktüten, Reparatur von Rissen im Zelt (Vorsicht, hält nicht auf silikonisiertem Nylon), Fixieren von Verbänden etc. In der Dose selbst befinden sich:

▷ Einige **Sicherheitsnadeln**, die als Ersatz für abgerissene Knöpfe dienen und bei jeder Art von Bekleidungsreparaturen ausgesprochen nützlich sind. Auf einer Schnur aufgefädelt eignen sie sich auch als provisorische Kleiderhaken.

▷ **Zahnseide**, ca. 2 m, als Nähgarnersatz. Zahnseide ist extrem reißfest. Sie können sich damit die Zähne säubern, Ihre Ausrüstung wieder zusammenflicken oder sie für beides verwenden.

▷ Eine **Nähnadel**. Die Größe des Nadelöhrs sollte zur Zahnseide passen.

Erste Hilfe

Ob Sie auf Ihren Trekkingtouren gesund und unverletzt bleiben, hängt in erster Linie von Ihnen selbst ab: Ihrer Vorsicht, Ihrer Erfahrung und Ihrer Fähigkeit, potenzielle Risiken einzuschätzen. Aber passieren kann natürlich trotzdem etwas, und dann sollte man wissen, wie man sich und anderen hilft.

Bei einem Notfall ist die wichtigste Ausrüstung nicht das Erste-Hilfe-Kit im Rucksack, sondern Ihr eigenes Know-how. Deshalb mein eindringlicher Rat: Besuchen Sie einen Erste-Hilfe-Kurs. Nähere Informationen dazu erhalten Sie bei folgenden Organisationen:

💻 www.drk.de, 💻 www.johanniter.de, 💻 www.malteser.de

Mit dem dort erworbenen Wissen fällt es Ihnen auch leichter, ein geeignetes Erste-Hilfe-Kit zusammenzustellen. Bei der Auswahl beschränkt man sich auf die typischen Trekking-Gefahren: kleine Schnittwunden und Verbrennungen beim Kochen, Hautabschürfungen durch Stürze, Infektionen und Fieber, Kopfschmerzen durch zu schnellen Aufstieg in große Höhen und Durchfall, verursacht durch verunreinigtes Wasser.

Meine Grundausstattung besteht aus zwei Bestandteilen, gut verpackt in einer wasserdichten Ziplock-Tüte. Gesamtgewicht: **25 g**.

- ▷ **Schmerztabletten**. Ich verwende hier *Ibuprofen 400 mg*. Man bekommt es rezeptfrei in allen Apotheken. Eine Blisterpackung mit 6 bis 8 Tabletten reicht normalerweise aus. Ibuprofen wirkt schmerzstillend, entzündungshemmend und fiebersenkend.
- ▷ **Verbandpäckchen**. Das ist eine elastische Binde mit integrierter Wundauflage, viel praktischer als Kompresse und Mullbinde separat. Zur Versorgung von Schnittverletzungen, Hautabschürfungen und Verbrennungen.

Je nach Reiseziel, der Gesundheit und seinen persönlichen Anfälligkeiten sollte man dieses Mini-Set erweitern. Ein Durchfallmittel gegen Montezumas Rache, Blasenpflaster für empfindliche Füße, eine Zeckenzange für FSME-Risikogebiete, eine Vakuumpumpe zur Behandlung von Schlangen- oder Insektenstichen, ein Antibiotikum gegen Infektionen oder spezielle Medikamente zur Prophylaxe von Tropenkrankheiten.

☺ Lassen Sie die Umverpackung und den Beipackzettel der Medikamente getrost daheim. Laden Sie stattdessen den Beipackzettel als PDF-Dokument von der Seite des Herstellers oder einer Online-Apotheke auf Ihr Smartphone.

Manch anderer Teil der Ausrüstung ist übrigens gut geeignet, um bei der Krankenversorgung mitzuhelfen:

▷ Bei kleineren Hautverletzungen reicht normalerweise ein Pflaster. So dringt kein Schmutz ein und die Wunde ist vor Berührung und anderen Einflüssen geschützt. Ein Stück **Klebeband** (☞ Reparaturen, Seite 130) erfüllt den gleichen Zweck. Darunter verwende ich als improvisierte Wundauflage etwas desinfizierten Zellstoff aus einem Papiertaschentuch.

▷ Die Desinfektion von kleineren Hautverletzungen kann man mit **Brennspiritus** vornehmen. Drei Teile Spiritus mit einem Teil Wasser vermischen und damit die Wunde vorsichtig benetzen. Das Vergällungsmittel Diethylphthalat ist in geringen Konzentrationen gesundheitlich unbedenklich. Vorsicht ist jedoch bei größeren offenen Wunden angebracht: Sie sollte man nicht mit Alkohol behandeln.

▷ Spiritus lässt sich auch zur Desinfektion der Hände verwenden: Einige Milliliter einer gut 70-prozentigen Lösung auf die Handfläche geben und verreiben, bis alles verdunstet ist.

▷ Bei Verstauchungen oder Prellungen stellen Sie mit Brennspiritus einen kühlenden Verband her. Eine Mischung aus gleichen Teilen Wasser und Spiritus zubereiten, damit ein Tuch befeuchten und auf die betroffene Stelle legen. Natürlich nur empfehlenswert, wenn ausreichend Spiritus zur Verfügung steht.

▷ **Teebaumöl** ist ebenfalls ein wirksames Antiseptikum (keimabtötendes Mittel), das bei kleinen Verletzungen oder Verbrennungen hilft (z. B. *Tebamol Teebaumöl,* 💻 tebamol.de). Umfüllen in einen Mini-Dropper!

▷ **Pfefferminzöl** ist für mich in der Wildnis ein unverzichtbarer Begleiter (z. B. *Olbas Tropfen,* 💻 www.olbas.de). Äußerlich angewendet hilft es gegen juckende Mückenstiche oder Kopfschmerzen (einige Tropfen auf der Schläfe verreiben) und desinfiziert kleine Wunden. Innerlich angewendet (einen Tropfen auf den Handrücken geben und ablecken) erfrischt es die Atemwege und hilft gegen schlechten Geschmack im Mund. Es ist dabei viel sparsamer und leichter als Pastillen oder Lutschbonbons. Bei Erkältungen lindert es Halsschmerzen, Schluckbeschwerden und macht die Nase wieder frei. Einziger Nachteil: Der Originalbehälter ist ein klobiger Glasklumpen. Umfüllen in einen Mini-Dropper ist auch hier empfehlenswert.

Pflege und Hygiene

Waschlappen und **Handtuch**. Baumwollhandtücher sind völlig ungeeignet. Spezielle Outdoorhandtücher bestehen aus Microfasern. Sie sind sehr leicht, nehmen aber bis zum Neunfachen ihres Eigengewichts an Wasser auf. Nach dem Auswringen sind sie fast ganz trocken. Deshalb reicht ein einziges Tuch als Handtuch und Waschlappen.

Produktbeispiele:

▷ *Packtowl Ultralite*, **43 g** (Größe Hand), 42 x 92 cm. Saugt bis zum Vierfachen seines eigenen Gewichts an Wasser auf und lässt sich leicht auswringen. 💻 www.packtowl.com

▷ *Sea to Summit Airlite Towel*, **30 g**, 35 x 81,5 cm. Das Mikrofaser-Tuch absorbiert bis zu dreimal so viel Wasser, wie es selbst wiegt. Trocknet schnell und ist nach dem Auswringen sofort wieder einsetzbar.
💻 www.seatosummit.de

▷ *Putzlappen vom Discounter*. Mikrofaser-Bodentücher sind ähnlich saugfähig und leicht wie ein Outdoor-Handtuch, aber deutlich preiswerter. Vor dem ersten Gebrauch einige Male waschen, dann kratzt der Lappen weniger und nimmt mehr Wasser auf. Noch leichter: ein Microfaser-Geschirrhandtuch.

Seife. Ein kleines Fläschchen mit einigen Millilitern Flüssigseife reicht völlig, selbst wenn man einige Wochen unterwegs ist. Doch Wasser wiegt: Verwenden Sie stattdessen feste Seife und verzichten Sie dabei auf Duftstoffe. Kernseife können Sie dann auch als Shampoo, Wasch- und Spülmittel verwenden:

Produktbeispiele:

▷ *Dr. Bronner's Soap*, **78 g** (59 ml mit Plastikflasche). Universell verwendbare Flüssigseife zur Körperreinigung, als Shampoo, zum Wäschewaschen und als Zahnpasta (Geschmackssache!). Beim Einsatz im Mund ist

„Peppermint" am angenehmsten und sehr erfrischend beim Waschen.
🖳 www.drbronner.de

▷ *Klar Seifen Kernseife,* **100 g** (zuschneiden nach Bedarf). Palmölfreie Kernseife aus rein pflanzlichen Ölen frei von künstlichen Duft- und Farbstoffen. Für die Körperpflege sowie zum Waschen und Spülen.
🖳 www.klarseifen.de

Shampoo. Wer mit Seife beim Haarewaschen partout nicht klarkommt, findet im Drogeriemarkt inzwischen auch *festes Shampoo.* Diese Haarpflege ist ebenso einfach in der Anwendung wie herkömmliches, flüssiges Shampoo und nicht zu verwechseln mit Haarseife.

Zahnbürste. Eine normale Zahnbürste wiegt ca. **15 g**. Im Internet findet man teilweise Anleitungen, wie man durch Abschneiden des Griffes und durch zahlreiche Bohrungen im verbleibenden Teil des Zahnbürstenstieles noch das letzte Bruchteil eines Gramms spart. Aber auch ohne solche Feinheiten gibt es eine ganze Reihe von ultraleichten Methoden, seine Zähne sauber zu halten.

Produktbeispiele:

▷ *Fingerzahnbürste für Kleinkinder, ca.* **1 g**. Im Drogeriemarkt meist in der Baby-Abteilung zu finden: Sie wird wie der abgeschnittene Finger eines Handschuhs über die Zeigefingerkuppe gezogen. Nachteil: Nach dem Zähneputzen sind die Zähne zwar sauber, aber ich persönlich vermisse dabei den frischen Geschmack im Mund. Auch die Zahnzwischenräume sind mit diesem Instrument deutlich schlechter erreichbar als mit einer normalen Bürste.

▷ *Kinderzahnbürste,* ca. **8 g**. Mit einem kürzeren Kopf und Stiel etwas leichter und kompakter als normale Modelle.

▷ *Bambus-Zahnbürste,* ca. **10 g**. Zahnbürsten mit Stiel aus Bambus, z. B.
🖳 hydrophil.com.

▷ *Gekürzte Zahnbürste,* ca. **5 bis 10 g**. Wegen der Gewichtsersparnis mag es sich kaum lohnen, den Griff der Zahnbürste abzuschneiden, aber ein unbestrittener Vorteil ist: Sie lässt sich leichter verstauen! Grammfuchser verwenden Bambus-Zahnbürsten.

Zahnpasta. Eine normal große Tube wiegt ca. **150 g** und ist selbst für längere Trekkingtouren überdimensioniert. Deshalb schätze ich die notwendige Menge ab und fülle sie in ein kleines Salbentöpfchen, wie man es in jeder Apotheke bekommt. Alternative: Konzentrate und Zahnputztabletten!

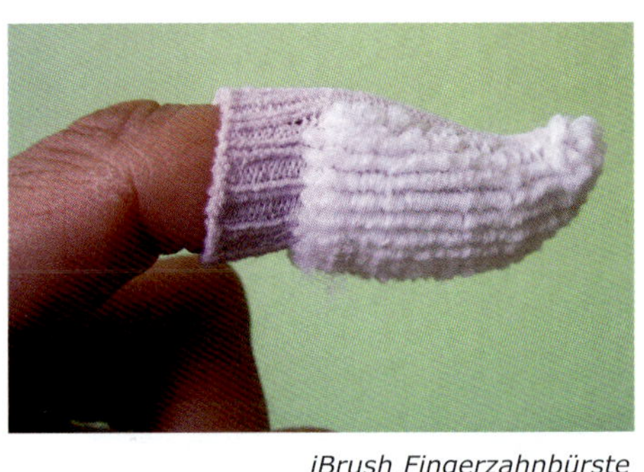

iBrush Fingerzahnbürste

Produktbeispiele:

- ▷ *DentTabs Zahnputztabletten*, **43 g** (Beutel mit 125 Tabletten). Ja, Zahnpasta gibt es inzwischen selbst im Drogeriemarkt auch in Tablettenform: Einfach kauen, bis es schäumt, und dann putzen. Der Tour entsprechend abzählbar und ideal für Kurztrips. 💻 denttabs.de
- ▷ *One Drop Only Zahncreme Konzentrat*, **30 g** (25 ml). Extrem sparsam im Verbrauch. Eine stecknadelkopfgroße Menge reicht zum Zähneputzen. Enthält im Gegensatz zum *Ajona*-Konzentrat Fluorid. 💻 www.onedroponly.de
- ▷ *Zahnsalz*. Die Zahnpaste-Alternative aus Natriumpolyphosphat ist leicht zu dosieren. Erhältlich in Drogerien und Naturläden. Ähnlich anwendbar wie Zahnsalz: *Backpulver*, gute Reinigungswirkung und biologisch abbaubar. Beide Varianten enthalten keine Fluoride (Kariesschutz).

Dusche. Im Camping-Handel gibt es zwar spezielle Solarduschen, aber diese sind sehr schwer und lassen sich für nichts anderes verwenden.

Mit einer Faltflasche, z. B. dem 2-Liter-Modell von *Platypus*, improvisieren Sie leicht eine Outdoor-Dusche: Nehmen Sie einen normalen PET-Flaschenverschluss. Wie in der Abbildung gezeigt, bohren Sie nun kreisförmig kleine Löcher in die Kappe (Durchmesser 1,5 mm). Fertig ist der Outdoor-Duschkopf. Danach auf die gefüllte Faltflasche aufschrauben und kopfüber an einen Baum hängen. So haben Sie bei einem Zusatzgewicht von rund **1 g** eine 2-Minuten-Outdoor-Dusche.

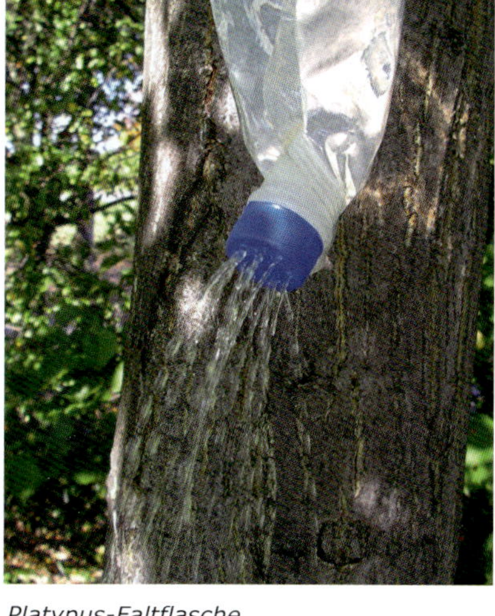

Platypus-Faltflasche mit Outdoor-Duschkopf

Hautpflege. In rauer Natur wird unsere Haut stark beansprucht. Sonne, Kälte und trockene Luft machen insbesondere Gesicht und Händen zu schaffen und trocknen sie aus. Deshalb solle man immer ausreichend Hautcreme und Sonnenmilch mitnehmen. Meine Grundausrüstung besteht aus Folgendem:

▷ Eine Filmdose mit einer Hautcreme, z. B. *Nivea*. Ebenso gut funktioniert eine dünnflüssigere Körpermilch, die sich leichter auftragen lässt, aber ein wenig schwerer ist. Am besten im Kunststofffläschchen aufbewahren.

▷ Eine Lippenpflege, z. B. *Blistex Lippenbalsam*. Achten Sie auf ein Produkt mit hohem Lichtschutzfaktor.

▷ Ein kleines Kunststofffläschchen mit Sonnenmilch, ebenfalls mit hohem Lichtschutzfaktor.

▷ Auch Vaseline eignet sich gut zur Hautpflege – und als Feueranzünder! Schmelzen Sie zu Hause über einer Kerzenflamme etwas Vaseline in einem kleinen Behälter (z. B. in einer abgeschnittenen Aluminiumdose). Ist sie flüssig, tränken Sie einen Wattebausch darin. Nach dem Erkalten zupfen Sie einfach ein Stück davon ab und zünden es an. Die Anzünder sind besonders gut geeignet zum Starten eines Holzfeuers.

Taschentücher und Toilettenpapier. Schwer verrottende Taschentücher bleiben daheim – ein kleines Stofftaschentuch ist umweltfreundlicher und auf Dauer leichter. Auch auf Toilettenpapier können Sie weitestgehend verzichten. Eine „Popo-

Dusche" wie *CuloClean* (**12 g**, 💻 culoclean.com) ist ohnehin viel angenehmer: Nutzen Sie den *CuloClean*-Aufsatz einfach mit einer kleinen Einwegflasche. Mit ein wenig Übung und Druck auf die Flasche verhindert Ihr neues Reise-Bidet hässliche „Bremsspuren".

Zivilisationsreste

Reisepass, Personalausweis, Führerschein, Gesundheitskarte, Geldbeutel, Geldscheine, Münzgeld, Kreditkarten, Parktickets, Bahncard, Flugtickets und Schlüssel: Andenken an die Zivilisation, die man in der Wildnis eigentlich gar nicht braucht und dennoch dabeihat. Wohin damit?

Auch hier lässt sich durch gute Planung Gewicht sparen. In vielen Ländern reicht ein Personalausweis oder Reisepass, beides zusammen ist nicht notwendig. Vom dicken Schlüsselbund nimmt man nur die notwendigen Schlüssel mit. Der lederne Geldbeutel bleibt ebenfalls zu Hause: Er ist schwer, man muss ihn vor Nässe schützen und einmal feucht geworden trocknet er nur langsam. Besser geeignet sind die folgenden Aufbewahrungsmöglichkeiten:

- ▷ *Plastiktüte mit Ziplock-Verschluss*, **1 g**. Die leichteste nahezu wasserdichte Verpackung. Ich nehme meist nur einen Druckverschlussbeutel, in den alle oben aufgezählten Dinge hineinkommen. Die Tüte verstaue ich an einem „sicheren" Platz im Seitenfach des Rucksacks oder in einer verschließbaren Jackentasche, die sonst unbenutzt bleibt. So besteht nicht die Gefahr, dass die Tüte beim täglichen Ein- und Auspacken verloren geht und die unterwegs ja wertlosen Wertsachen am Ende der Tour plötzlich nicht mehr zu finden sind.
- ▷ *Granite Gear Hiker Air Wallet*, **8 g**. Aus wasserabweisendem Silnylon genähte Geldbörse mit Karabiner, den man am besten weglässt. 💻 www.granitegear.com
- ▷ *Ortlieb Document-Bag*, **30 g** (Größe A6). Aus flexiblem und reißfestem Polyurethan mit wasserdichtem Falt-Klettverschluss. 💻 www.ortlieb.com

☺ Verstauen Sie bei der Anreise ins Zielgebiet alle Dinge, die sie unterwegs nicht brauchen, in einem Schließfach. Am Bahnhof, am Flughafen oder auch in einem Hotel. Selbst wenn man nicht dort übernachtet, wird man selten abgewiesen, wenn man freundlich fragt. Das Risiko, dass ein Schließfach aufgebrochen wird, ist wahrscheinlich geringer als das Risiko, unterwegs etwas zu verlieren oder bestohlen zu werden.

Der wahre Kulturbeutel

Viele Trekker zieht es raus in die Natur, weil Sie Abstand von der Zivilisation bekommen wollen. Eins sein mit der Wildnis, die absolute Stille genießen, das Leben auf die elementaren Bedürfnisse reduzieren.

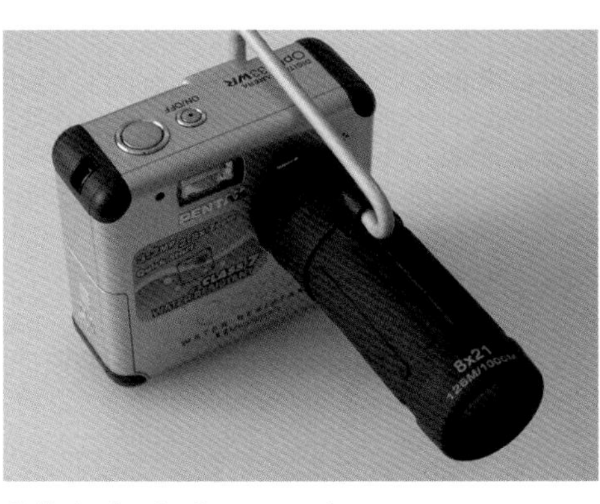

Selbstgebaute Superzoomkamera (Brennweite ca. 900 mm)

Spätestens nach dem dritten Regentag im Zelt regt sich dann aber doch der Wunsch nach den kleinen Dingen des Alltags: Musikhören, Lesen, Schreiben, Spielen. Bei schönem Wetter dagegen greift man zur digitalen Foto- oder Filmkamera und ist dankbar für die Elektronikspielzeuge der technisierten Welt, der man ja eigentlich für einige Zeit entfliehen wollte.

Fotografieren und Filmen. Passionierte Fotografen tauschen ihr hochwertiges Equipment wohl kaum gegen einen kleinen Urlaubsknipser ein. Die folgenden Anmerkungen sind daher eher für Hobbyfotografen gedacht, die Anregungen für den nächsten Kamerakauf suchen.

Fast unnötig zu sagen: Eine Kamera sollten Sie nicht nur aufgrund ihres Gewichts auswählen. Achten Sie eher auf lange Akkulaufzeiten und Robustheit. Mittlerweile gibt es auch spezielle Modelle für den Outdooreinsatz, die teilweise sogar wasserdicht sind. Verwenden Sie ein Smartphone zum Fotografieren, dann stecken Sie es stattdessen in eine wasserdichte Ziplock-Tüte.

Schlechtes Licht und große Brennweiten machen oft ein Stativ erforderlich. Sonst bekommt man nur verwackelte Bilder. Aber deswegen gleich ein ausgewachsenes Stativ mitnehmen? Viel zu schwer und sperrig. Kleine Tischstative sind ein Kompromiss, aber es geht noch leichter:

Produktbeispiele:

▷ *Beanbag-Stativ*, **0 g**. Bei Beanbags handelt es sich um Granulat gefüllte Säcke. Leichte Alternative: Vor Ort einfach einen Packbeutel mit Sand oder Kieselsteinen füllen und die Kamera darauf ausrichten.

▷ *Weck-Einkochring*, **3 g**. Gummiringe zum Verschließen von Einkochgläsern eignen sich hervorragend als universelle Smartphone-Halterung für den Trekkingstock. 💻 www.weck.de

▷ *Novoflex Micropod*, **50 g**. Kompaktes Dreibein-Stativ ohne Kugelkopf mit 70 mm Arbeitshöhe und 5 kg Tragkraft als Luxus-Ausrüstung für Foto-Freaks. 💻 www.novoflex.de

☺ Bei manchen Motiven möchte oder kann man sein Kleinststativ nicht direkt auf dem Boden platzieren. Oder man findet keinen Stein, der als hoch stehende Unterlage geeignet ist.

Zwei Trekkingstöcke lassen sich dann mit einem Ast oder einem dritten Stock zu einem stabilen Dreibein umfunktionieren. Schlingen Sie dazu ein Stück Abspannleine um die Stockenden, um die Beine des Ministativs „einbinden".

Sehen. Zur Beobachtung von Tieren oder zur Orientierung im Gelände ist ein Fernglas nützlich, aber schwer. Verwenden Sie stattdessen ein **Monokular**.

☺ Mit einem Monokular lässt sich – wie in der Abbildung gezeigt – eine dafür geeignete Digitalkamera in eine **Superzoomkamera** verwandeln. Beachten Sie dabei allerdings, dass der Autofokus nun nicht mehr richtig funktioniert und Sie daher manuell scharf stellen müssen.

Musik hören. Es gibt eine riesige und sich ständig ändernde Auswahl an leichten **MP3-Playern** und **Smartphones**, die auch in einem Ultraleicht-Rucksack gut aufgehoben sind. Bezüglich Gewicht, Batterielaufzeit oder Robustheit bestehen aber erhebliche Unterschiede. Deshalb lohnt es sich, nicht gleich das erstbeste Modell zu kaufen.

Lesen. Leichte Lektüre muss nicht seicht sein. Wer erinnert sich nicht an die kleinen gelben *Reclam*-Heftchen aus dem Deutschunterricht? Muss es unbedingt ein gedrucktes Buch sein, kommen sie hier zu neuen Ehren. 💻 www.reclam.de

Noch leichter sind E-Books und Audiobooks, für die Sie das Smartphone oder den MP3-Player als „Reader" nutzen. Zusatzgewicht: **0 g**.

Schreiben. Notizen, Tagebucheinträge, Tourenerlebnisse, aber auch lästige Visaformulare oder Nachrichten in Notsituationen: Es gibt viele Gründe, etwas zum Schreiben mitzunehmen.

- ▷ *Vokabelheft*, **15 g**. Ich bewahre es vor Nässe geschützt in einer Ziplock-Plastiktüte auf.
- ▷ Praktisch ist auch wasserfestes „Papier" aus *Tyvek*. Nehmen sie einige Briefumschläge aus diesem Material, zerschneiden Sie sie in passende Blätter und heften Sie diese zusammen.
- ▷ *Uni-Ball Power Tank*, **5 g**. Dieser Kugelschreiber funktioniert über Kopf, bei Minusgraden und auf feuchtem Papier. Nur die Mine mitnehmen und mit einem kleinen Stück Schrumpfschlauch schützen. 💻 www.uni-ball.de
- ▷ Wer ein Smartphone mitnimmt, kann es selbstverständlich auch für seine Notizen nutzen oder als Diktiergerät verwenden. Doppelter Nutzen, halbes Gewicht.

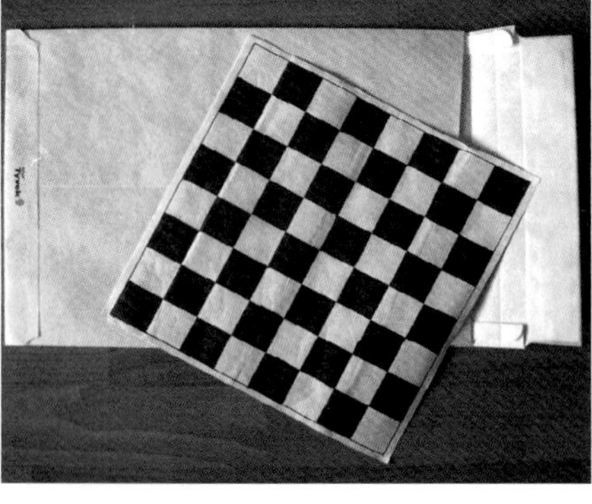

Leichtes Spiel: Schachbrett aus Tyvek

Spielen. Ist man an langen Regentagen ans Zelt gefesselt, scheint die Zeit manchmal stillzustehen. Die Stunden ziehen sich endlos dahin und aus dem intensiven Naturerlebnis wird quälende Langeweile.

Ist man zu zweit unterwegs, wäre ein Brett- oder Kartenspiel manchmal die Rettung (zumindest wenn kein anderer Zeitvertreib möglich ist.

📖 **Sex** von Dr. R. Rose und B. Tilton, OutdoorHandbuch *Basiswissen für draußen*, Band 16, Conrad Stein Verlag, ISBN 978-3-86686-016-2, € 8,90

- *Spielbrett*, **0 g**. Zeichnen Sie ein Mühle- oder Dame-Spielfeld mit einem wasserfesten *Edding*-Stift auf einen Ihrer Packbeutel. Bei Bedarf spielen Sie mit Nüssen und Rosinen aus dem Proviantbeutel.
- *Spielfiguren*, **3 g**. Für Spiele wie Schach benötigen Sie besondere Spielfiguren. Schneiden Sie kleine Spielplättchen aus einem Stück *Tyvek* oder Filz zurecht und zeichnen Sie darauf die Symbole der Spielfiguren. Das gleiche Material eignet sich auch für aufwendigere Spielbretter.
- *Kartenspiele*, **14 g**, 32 Karten, 44 x 30 mm. Mini-Patiencekarten aus dem Spielwarenhandel sind deutlich leichter als herkömmliche Kartenspiele.

Trekkingstöcke

Auf den ersten Blick sind Trekkingstöcke etwas, auf das man getrost verzichten und damit Gewicht sparen kann. Wer jedoch einmal selbst ausprobiert, wie praktisch und angenehm das Wandern mit „vier Füßen" ist, möchte kaum noch darauf verzichten.

Außerdem bieten sie eine Reihe weiterer Vorteile:

- Trekkingstöcke **entlasten die Kniegelenke**. Besonders das Gehen bergab führt leicht zu chronischen Beschwerden, da es Sehnen und Bänder enorm beansprucht.
- **Gleichmäßige Belastung der Muskulatur**. Normales Wandern trainiert nur die Beine. Mit Trekkingstöcken fordern Sie auch den Oberkörper.
- Bewegt man sich in nassem und sumpfigem Gelände, sorgt der Stockeinsatz automatisch dafür, dass man schwierige Stellen früher erkennt, nämlich bevor man hineingetreten ist. Dadurch kommt man **schneller und sicherer** voran.
- Trekkingstöcke helfen, in schwierigem Gelände die **Balance** zu halten. Auf steilen und unwegsamen Passagen, beim Traversieren am Hang oder in verblocktem Gelände geben sie mehr Sicherheit und reduzieren die Sturzgefahr.
- Als **Wathilfe** beim Durchqueren von Bächen und Flüssen leisten Trekkingstöcke gute Dienste. Wichtig ist hier, sie auf maximale Länge auszuziehen.

- Trekkingstöcke sind auch praktisch beim **Überqueren von Schneebrücken**, wie man sie manchmal über Bächen oder Gletscherspalten antrifft. Damit lässt sich die Belastbarkeit viel besser prüfen als durch einen direkten Test mit dem Fuß.
- Sind Sie mit einem Tarp unterwegs, sind Trekkingstöcke die idealen Tarpstangen. Auch manche Zelte lassen sich mit Trekkingstöcken als **Gestänge** aufbauen (☞ Zelt, ab Seite 27). Diese Kombination ist aus Gewichtsgründen optimal.
- Trekkingstöcke haben ein spitzes Ende und sind als notdürftige **Waffe** geeignet. Wenn auch vielleicht nur gegen die eigene Angst.

Komperdell C3 Carbon Duolock

Typische Trekkingstöcke wiegen 500 bis 700 g pro Paar. Leichtere Modelle erfordern zum Teil etwas mehr Vorsicht im täglichen Umgang. Wenn man das akzeptiert, lohnt sich ein Umstieg allemal.

Hier eine kleine **Produktauswahl** (alle Gewichte pro Paar):

- *Fizan Compact*, **356 g**, 59 bis 132 cm Länge. Low-Budget-Tipp: dreiteiliger Aluminium-Stock. 💻 www.fizan.it
- *Black Diamond Distance Carbon Z*, **315 g**, bei 130 cm Länge. Dreiteiliger Carbonstock mit kleinem Packmaß und fixer Länge. Als FLZ-Modell mit verstellbarer Länge erhältlich (385 g, 120 bis 140 cm Länge). 💻 www.blackdiamondequipment.com
- *Gossamer Gear Lightrek LT5*, **300 g**, 60 bis 130 cm Länge. Rohr aus Carbonfasern, Griff aus Kork, kompatibel mit Leki-Touren- und Tiefschnee-Tellern. 💻 www.gossamergear.com
- *Mountain King Skyrunner*, **271 g**, bei 130 cm Länge. Die leichtesten Trekkingstöcke auf diesem Planeten. High-Tech-Trekkingstöcke aus Kohlefasermaterial mit fixer Länge. 💻 mountainking.co.uk

☺ Wenn Sie stürzen, weil sich der Stock im Fels oder an Wurzeln verklemmt, wirken starke Hebelkräfte auf den Schaft. Ohne Handschlaufen reduzieren Sie das Risiko eines Stockbruchs. Auch der Nutzen der Stockteller ist in trockeneren Jahreszeiten ohne Schnee durchaus fragwürdig. Versuchen Sie es mal ohne – Gewichtsersparnis: bis zu **40 g**.

Regenschirm

Wer in der Wildnis mit Regenschirm unterwegs ist, outet sich schnell als Dilettant und Sonntagswanderer. Nur Tropenhut und Schmetterlingsnetz könnten diesen Eindruck noch verschlimmern.

Was einen dann doch nachdenklich macht, sind Berichte erfahrener Ultraleicht-Trekker wie Ray Jardine, die einen Regenschirm ohne falsche Vorbehalte auf Outdoor-Tauglichkeit getestet haben und danach begeisterte Anhänger wurden. Die Gründe dafür sind einleuchtend:

- ▷ Ein Regenschirm schützt den Oberkörper vor Nässe und sorgt gleichzeitig für **optimale Ventilation**. Kein anderer Regenschutz bietet eine so gute Klimaregulierung. Nur starker Wind macht die Handhabung zunehmend schwieriger. Auf längeren Touren bleibt ein zusätzlicher Ganzkörper-Regenschutz damit unverzichtbar.
- ▷ **Perfekter Regenschutz in den Tropen:** Bei feuchtwarmen Klimaverhältnissen versagt jede Gore-tex-Jacke, da ihre Funktion von der Differenz zwischen Innen- und Außentemperatur abhängt. Je höher die Luftfeuchtigkeit, desto schneller schmort man im eigenen Saft.
- ▷ Als **Sonnenschirm**. Um den Sonnenschutz zu verbessern, schneiden Sie eine Rettungsdecke so zu, dass sie die Bespannung komplett abdeckt. Befestigen Sie die Folie mit Gummiringen am Ende der Streben, mit der silberfarbenen Seite nach außen. Dadurch wird die Strahlung reflektiert und unter dem Schirm bleibt es angenehm kühl.
- ▷ Als **zusätzlicher Windschutz** neben dem Kocher aufgestellt hilft ein Schirm dabei, Brennstoff zu sparen.
- ▷ Zur **Erweiterung eines Tarps**. Je nach Aufbauart vergrößert ein Regenschirm die Wohnfläche oder sorgt für einen zusätzlichen Schutz vor Wind und Regen.

Produktbeispiele:

- ▷ *Montbell Ultralight Trekking Umbrella*, **170 g**, ∅ 88 cm. Gewichtsrekord durch eine Bespannung aus 10den-Ripstop-Nylon und einen sehr kurzen Griff. Ab Windstärke 7 wird der Einsatz zum Kunststück.

  💻 www.montbell.com

▷ *Gossamer Gear Lightrek Hiking Umbrella,* **178 g**, ∅ 95 cm. Kuppelschirm aus beschichtetem Polyester mit Aluminium-Schaft (Lichtschutzfaktor UPF 50+). 💻 www.gossamergear.com

▷ *Euroschirm Swing liteflex,* **209 g**, ∅ 100 cm. Einer der leichtesten und robustesten Schirme. Speziell entworfen für Wander- und Trekkingtouren. Selbst heftige Sturmböen kriegen diesen Schirm nicht klein. Auch mit UV-Schutzausrüstung erhältlich (Lichtschutzfaktor 50+). 💻 www.euroschirm.com

Boot

Bei meinen Wanderungen in den wasserreichen Gebieten Skandinaviens stand ich schon öfters am Ufer eines Flusses oder Sees und habe mir gedacht: „Jetzt ein Boot, mit dem man einfach rüberpaddeln könnte …". Zugegeben, der Gedanke, ein komplettes Boot inklusive Paddel durch die Wildnis zu schleppen, klingt – vor allem in diesem Buch – erst mal absurd. Aber mittlerweile gibt es tatsächlich spezielle Schlauchboote, so genannte *Packrafts,* die unglaublich klein und leicht sind. Gewicht inklusive teilbarem Doppelpaddel: weniger als **2 kg**. Das muss man sich mal vorstellen! Damit wird man natürlich keine ausgedehnten Wasserwanderungen wie mit einem Kanu unternehmen, aber für eine kurze Gewässerüberquerung sind sie gut geeignet.

Spaß machen Packrafts aber auch bei Tagestouren, auf denen man das Paddeln mit dem Wandern kombiniert, ohne auf Abholdienste, Kanutransport oder umständliche Zug- und Busverbindungen angewiesen zu sein. Einfach einen passenden Flussabschnitt aussuchen, dann zu Wasser flussabwärts mit dem Rucksack im Boot, danach flussaufwärts an Land mit dem Boot im Rucksack. Oder eben in umgekehrter Reihenfolge …

Produktbeispiele:

▷ *Anfibio Nano SL,* **830 g** ohne Zubehör, 120 kg Zuladung. Superleichtes und günstiges, aber durchaus vollwertiges und stabiles Packraft. Bei 120 cm Innenlänge bietet es eine gute Beinfreiheit und ausreichend Platz für Gepäck. Passt mit seinem sehr kompakten Packmaß von 20 x 15 cm sogar in kleine Rucksäcke. Der Aufbau erfolgt mit einem Blasesack (100 g)

aus Nylon. Vor allem für stehende und ruhig fließende Gewässer oder kurze Abstecher zu einsamen Inseln geeignet.
💻 www.packrafting-store.de

- ▷ *Moll Playa 4-teilig*, **1.080 g**, 4-teilig. Günstiges Doppelpaddel für Einsteiger. 💻 www.moll-paddel.de
- ▷ *Supai Olo*, ab **406 g**, 5-teilig. Aberwitzig leichtes Paddel für ruhige, tiefe Gewässer. 💻 www.supaiadventuregear.com

Packlisten

Ihr Ausrüstungsgewicht setzt sich aus drei Bestandteilen zusammen. Das, was sich **im Rucksack** befindet, einschließlich des Rucksacks selbst, ausgenommen jedoch die Verbrauchsstoffe. Dann der Teil, den Sie **am Körper** tragen, also Kleidung, Schuhe, Trekkingstöcke usw. Diese beiden Anteile bleiben während der ganzen Tour konstant und ergeben zusammen das **Basisgewicht** Ihrer Trekking-Ausrüstung.

Der dritte Teil besteht aus den **Verbrauchsstoffen**: Proviant, Wasser und Brennstoff. Während der Wasseranteil permanent schwankt (man füllt ja immer wieder seine Flasche auf), nehmen Proviant- und Brennstoffvorräte kontinuierlich ab. Haben Sie gut geplant, ist am Ende der Tour nichts mehr davon übrig. Das **Startgewicht**, das Sie zu Beginn Ihrer Wanderung schultern müssen, besteht also aus dem **Gesamtgewicht** abzüglich der Dinge, die Sie am Körper tragen.

Die beiden folgenden Packlisten eignen sich als Anregung für Ihre eigene Planung. Sie beschreiben, welche Ausrüstung ich auf typischen Touren verwendet habe, und wie sich die Gewichtsersparnis bei jeder einzelnen Komponente zu einem ultraleichten Gesamtsystem summiert.

Betrachten Sie die Listen jedoch nicht als Produktempfehlungen. Die Möglichkeiten, eine ähnliche oder noch leichtere Ausrüstung zusammenzustellen, sind unbegrenzt und hängen stark vom Charakter der Tour ab. Finden Sie schrittweise

Ihr eigenes Equipment, aber vergessen Sie bei all dem Herumprobieren eines nicht: Leichte Ausrüstung ist kein Selbstzweck.

Ein 5-kg-Wochenende im Sommer

Rundwanderung im deutschen Mittelgebirge (300 bis 600 m ü. NN) über eine Distanz von 65 km in 3 Tagen und 2 Nächten bei sommerlichen Temperaturen zwischen 10 und 30 °C. Versorgung „by fair means", also ohne zusätzliche Verpflegung vor Ort.

Ausrüstung	Verbrauch	im Rucksack	am Körper
Rucksack: Huckepacks Packl Lite mit zusätzlichem Rucksackliner		200 g	
Tarp: Exped Bivy-Poncho UL (auch als Regenschutz)		330 g	
Heringe: 6x Hilleberg Y-Peg UL & 4x Toaks Titanium Hook Peg		85 g	
Abspannleinen		20 g	
Schlafsack: Cumulus Quilt 150		430 g	
Isomatte: Trangoworld Light-Plus, zugeschnitten		170 g	
Selbstgebautes Spiritus-Kochsystem mit 550 ml-Topf, Löffel, Messer, Minifeuerzeug		110 g	
Wasserflasche: Platypus		35 g	
Unterhose und T-Shirt: Exofficio Give-N-Go 2.0 Sport Mesh Brief & Haglöfs L.I.M. Strive Tee			105 g
Lange Unterwäsche: Patagonia Capilene Lightweight		195 g	
Wanderhemd: Columbia Featherweight Hike II			100 g

Ausrüstung	Verbrauch	im Rucksack	am Körper
Fleece-Pulli: Quechua MH500		210 g	
Trekking-Hose: Kurze Laufhose			50 g
Schlauchtuch, Hutkrempe		45 g	
Schuhe: Altra Lone Peak Low			620 g
Dünne Socken, 2		30 g	30 g
Licht: Photon Micro-Light II PRO mit Gummiband		10 g	
Reparaturset		10 g	
Erste-Hilfe-Set		25 g	
Hygiene: Zahnbürste, Zahnpasta-Tabletten, Viskosetuch, Hautcreme, Stofftaschentuch		40 g	
Plastiktüte mit Geld, Ausweis etc.		10 g	
Kamera: Sony RX100		230 g	
Smartphone mit USB-Kabel und Ladegerät		235 g	
Trekkingstöcke: Black Diamond Distance Carbon FLZ			360 g
Wasser (Durchschnittswert)	1.000 g		
Proviant: 500 g x 3 Tage	1.500 g		
Brennstoff: 200 ml Spiritus mit „Angstreserve“ in 250 ml Vargo Brennstoffflasche	185 g		
Summe	**2.685 g**	**2.420 g**	**1.265 g**
Basisgewicht		**3.685 g**	
Startgewicht	**5.105 g**		
Gesamtgewicht	**6.370 g**		

Eine 10-kg-Woche im Frühjahr oder Herbst

Trekking im skandinavischen Plateaufjell (700 bis 1.500 m ü. NN) über eine Distanz von 160 km in 8 Tagen und 9 Nächten bei Temperaturen zwischen 0 und 15 °C. Versorgung „by fair means", also ohne Hütten-Verpflegung oder -Übernachtung.

Ausrüstung	Verbrauch	im Rucksack	am Körper
Rucksack: Zpacks Arc Blast		595 g	
Rucksackliner: TLD Rucksack Liner		115 g	
Zelt: Six Moon Designs Skyscape Trekker		810 g	
Heringe: 2x Hilleberg V-Peg, 1x Y-Peg, 3x Toaks Titanium Hook Peg		55 g	
Abspannleinen		20 g	
Schlafsack: Yeti V.I.B. 600		895 g	
Isomatte: Therm-a-Rest Prolite Plus Short		460 g	
Selbstgebautes Spiritus-Kochsystem mit 550 ml-Topf, Löffel, Messer, Minifeuerzeug		110 g	
Wasserflasche: Platypus		35 g	
Unterhose und T-Shirt: Exofficio Give-N-Go 2.0 Sport Mesh Brief & Haglöfs L.I.M. Strive Tee			105 g
Lange Unterwäsche: Patagonia Capilene Lightweight		195 g	
Wanderhemd: Columbia Featherweight Hike II			100 g
Fleece-Pulli: Quechua MH500		210 g	
Trekking-Hose: Montane Terra Pants			330 g
Regenjacke: Arc'teryx Zeta SL		310 g	

Ausrüstung	Verbrauch	im Rucksack	am Körper
Regenhose: Berghaus Paclite Overtrousers		230 g	
Fleece-Mütze, Schlauchtuch, Hutkrempe		75 g	
Schuhe: inov-8 Roclite G 345 GTX			690 g
Watschuhe: Discounter-Sandalen (Crocs-Kopie)		250 g	
Wanderkarte		50 g	
Licht: keines			
Reparaturset		10 g	
Erste-Hilfe-Set		25 g	
Hygiene: Zahnbürste, Zahnpasta-Tabletten, Viskosetuch, Hautcreme, Stofftaschentuch		40 g	
Plastiktüte mit Geld, Ausweis etc.		20 g	
Kamera: Sony RX100		230 g	
Smartphone mit USB-Kabel und Ladegerät		235 g	
Trekkingstöcke: Black Diamond Distance Carbon FLZ			360 g
Wasser (Durchschnittswert)	500 g		
Proviant: 500 g x 8 Tage	4.000 g		
Brennstoff: 500 ml Spiritus mit kleiner „Angstreserve“ in 0,5 l PET-Flasche	445 g		
Summe	**4.945 g**	**4.975 g**	**1.585 g**
Basisgewicht		**6.560 g**	
Startgewicht	**9.920 g**		
Gesamtgewicht	**11.505 g**		

Bezugsquellen

Wirklich leichte Wanderausrüstung finden Sie selten im Outdoor-Laden um die Ecke. Meist halten eher kleine Online-Shops die passende Ausrüstung und zielführende Produktinformationen für Sie bereit. Oft finden Sie hier sogar zuverlässigere Gewichtsangaben als bei den jeweiligen Herstellern, denn einige Anbieter wiegen selbst nach.

▷ 💻 www.trekking-lite-store.com – Online-Shop für ultraleichte Ausrüstung. Produktbeschreibungen mit Einsteigertipps und meist sehr detaillierten und genauen Gewichtsangaben. Führt auch Produkte aus Übersee.

▷ 💻 www.sackundpack.de – Online-Versand mit Filialgeschäft in Krefeld. Die Experten für Leichtgewichtsausrüstungen wiegen oft selbst nach und bieten eine umfassende Auswahl mit Produkten amerikanischer Cottages.

▷ 💻 hikerhaus.de – Online-Shop, Angebote für die großen vier (Zelt, Rucksack, Schlafsack, Isomatte) und rund um die Outdoor-Küche. Führt auch Produkte amerikanischer Manufakturen. Filialgeschäft in Berlin.

▷ 💻 www.walkonthewildside.de – der Bonner Outdoor-Shop und Versender führt neben normaler Trekking-Ausrüstung auch leichtere Produkte von Herstellern wie *Evernew, Keith Titanium* oder *Toaks*.

▷ 💻 www.chrispacks.com – produziert leichte Rucksäcke für Bergenthusiasten und hält neben Zelten, Matten und Quilts auch Küchenutensilien bereit, die oft nur schwer zu bekommen sind.

▷ 💻 www.extremtextil.de – die absolute Top-Adresse für alle, die sich ans Selbermachen wagen. Spezialstoffe, Plattenware, Bänder, Kordeln, Schnallen, Blitzverschlüsse und Material zur Reparatur.

▷ 💻 www.racelite.de – Spezial-Shop für Trailrunner, der sich vor allem im Bereich Bekleidung oft als ultraleichter Ideengeber für Trekker entpuppt.

▷ 💻 www.ultralightoutdoorgear.co.uk – in diesem britischen Online-Shop für Ultraleicht-Ausrüstung lassen sich alle Produkte nach Gewicht sortieren. Das verschafft Ihnen einen schnellen Überblick und ist insbesondere bei Bekleidung sehr hilfreich.

▷ 💻 www.outdoorline.sk – Ultralight-Trekking-Shop in der Slowakei

- ▷ www.arklight-design.com – französisches Unternehmen für ultraleichte Outdoor-Ausrüstung
- ▷ backpackinglight.dk – Online-Versender in Dänemark/Schweden

☺ Planen Sie rechtzeitig und bestellen Sie rechtzeitig. Produkte amerikanischer Hersteller sind bei den deutschen Online-Versendern nicht immer vorrätig. Bis zur nächsten Lieferung kann es durchaus mehrere Monate dauern. Das Gleiche gilt für den Selbstimport: Kleinere Manufakturen produzieren oft erst nach Bestelleingang und haben teilweise sogar Wartelisten.

Bei Bekleidung lohnt nach der Recherche im Internet auch der Weg zum Outdoor-Laden um die Ecke:

- ▷ www.globetrotter.de – Online-Versand und Filialen in mehrere deutschen Großstädten mit umfassendem Outdoor-Angebot aber recht unzuverlässigen Gewichtsangaben
- ▷ www.decathlon.de – Outdoor-Discounter mit vielen Filialen. Low-Budget-Tipp für Bekleidung. Die leichtesten Produkte gibt es hier meist in der „Einsteiger-Ecke" bei den Hausmarken *Forclaz, Quechua, Simond* und *Kalenji.*

☺ Es spricht nichts dagegen, beim Einkauf vor Ort eine Waage mitzunehmen. Man wird Sie vielleicht für einen Spinner halten, aber auf diese Weise können Sie das Gewicht von Angeboten vor Ort überhaupt erst vergleichen.

Schicke Schnäppchen: Ich selbst bin oft in Quietschgrün unterwegs. Steht mir gut (zumindest im Dunkeln) und in dieser „tollen Farbe" hat meine *Primaloft*-Jacke gerade mal die Hälfte gekostet. Sind Ihnen Marke und/oder Farbe ebenfalls egal, finden Sie hier das ein oder andere Schnäppchen:

- ▷ www.larca.de – Europaweit agierender Outdoor-Discounter mit vielen Filialen. Newsletter abonnieren, um vorab informiert zu werden!
- ▷ www.hive-outdoor.com – Outdoor-Versand mit satten Rabatte. Angebote allerdings meist nur für Einzelstücke verfügbar.
- ▷ www.idealo.de – Allgemeiner Preisvergleich für Online-Angebote aller Art..

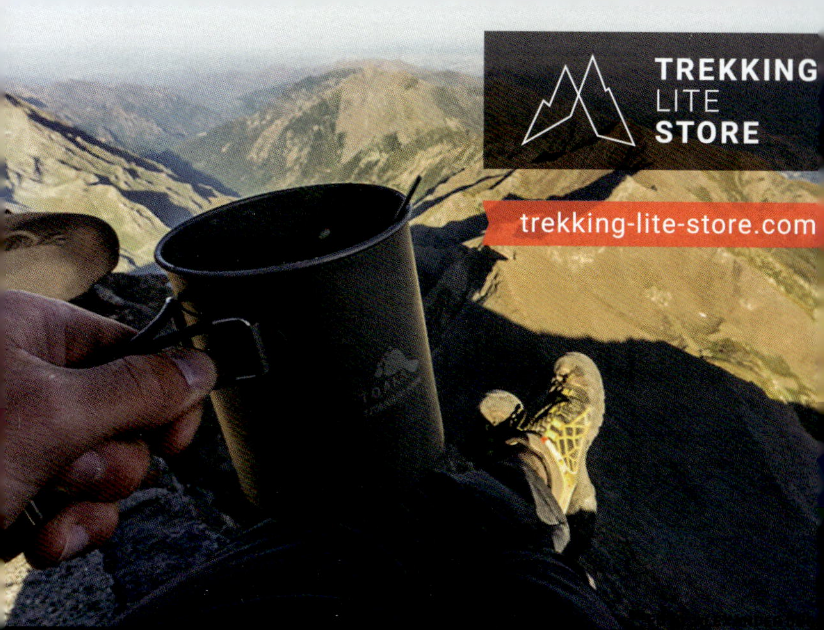

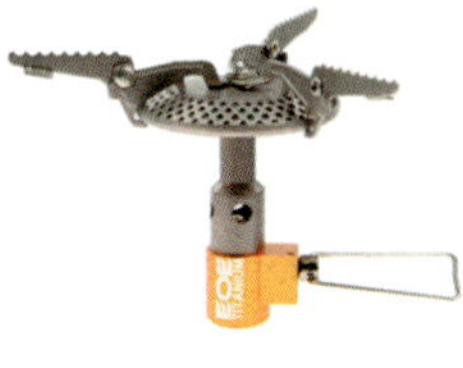

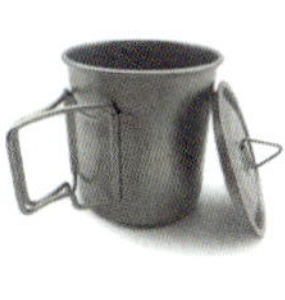

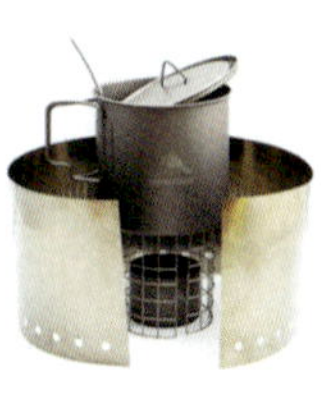

Internet

Ich hoffe, dass Ihnen dieses Buch anhand der Produktbeispiele gezeigt hat, in welchem Gewichtsbereich sich ultraleichte Ausrüstung heutzutage bewegt. Eine vollständige Marktübersicht kann es schon allein aus Platzgründen nicht bieten. Außerdem ändern die meisten Hersteller regelmäßig ihre Produktpalette.

Aber ärgern Sie sich nicht, wenn das eine oder andere hier erwähnte Ausrüstungsteil nicht mehr erhältlich sein sollte. Besuchen Sie stattdessen das Internet-Forum 💻 www.ultraleicht-trekking.com. Dort finden Sie aktuelle Informationen zu Produktneuheiten, Erfahrungsberichte, Selbstbauanleitungen und vieles mehr.

Literatur

▷ Christine Thürmer, Weite Wege Wandern, Piper Verlag, ISBN 978-3-89029-525-1

▷ Bill Bryson, Picknick mit Bären, Goldmann-Verlag, ISBN 978-3-442-44395-6

▷ Axel Klemm, Ultraleicht auf Tour, Paul Pietsch Verlage, ISBN 978-3-613-50907-8

▷ Rainer Höh, Outdoor-Handbuch, Reise Know-How Verlag, ISBN 978-3-8317-3148-0

▷ Peter Konopka, Sporternährung, BLV Buchverlag, ISBN 978-3-8354-1838-7

▷ Andrew Skurka, The Ultimate Hiker's Gear Guide, National Geographic, ISBN 978-1-4262-1784-5

▷ Justin Lichter, Trail Tested: A Thru-Hiker's Guide to Ultralight Hiking and Backpacking, Falcon Guide, ISBN 978-1-4930-5209-7

▷ Justin Lichter und Shawn Forry, Ultralight Winter Travel, Falcon Guide, ISBN 978-1-4930-2610-4

▷ Don Ladigin, Lighten Up!, Falcon Guide, ISBN 978-0-7627-3734-5

▷ Mike Clelland, Ultralight Backpackin' Tips, Falcon Guide, ISBN 978-0-7627-6887-5

▷ Fabian Schmitz, Survival - Überleben in der Wildnis, Conrad Stein Verlag, ISBN 978-3-8668-6785-7

▷ Fabian Schmitz, Wintersurvival - Überleben in Eis und Schnee, Conrad Stein Verlag, ISBN 978-3-8668-6757-4

Index

G

H

I

K

L

M

N

O

P

R

S

T